東大出てもバカはバカ

勘違いを止められない人々

Toyota Aritsune
豊田有恒

飛鳥新社

まえがき

このところ、いわゆるエリートの不祥事が、マスコミを賑《にぎ》わすことが少なくない。世間から最高学府と思われている有名大学、特に東京大学を卒業した秀才が、とんでもないことを仕出かし、世の中を騒がすケースが、相次いでいる。

後ほど詳しく例証するとして、鳩山由紀夫《はとやまゆきお》氏にいたっては、なんと総理在任中、アメリカのワシントンポスト紙から、ルーピー（Loopy）宰相とまで、からかわれる始末だった。一国の指導者が、ここまで貶《おとし》められるのは、まさに国辱《こくじょく》だったが、そう言われても仕方がない資質《ししつ》の人だったからだろう。

また、元新潟県知事の米山隆一《よねやまりゅういち》氏のケースもある。学歴だけ見ると、東京大学医学部を卒業した医師であるばかりでなく、司法試験にも合格した法曹人《ほうそうじん》でもあり、ハーバード大学附属病院でも働いたことがあるというのだから、非の打ちようがない。しかし、のちほど詳しく検証するとして、知性があるとは思えない不用意な言行録《げんこうろく》を残したあげく、なんと未成年者との援助交際というスキャンダルで、辞職に追い込まれた。

さらに、丸山穂高《まるやまほだか》衆議院議員の、いわゆる戦争発言も、物議《ぶつぎ》をかもした。かつて米ソ対立という冷戦時代、地球を二分する超大国として、巨大な軍事力を誇っていたころと比べれば、遥《はる》かに衰えたとはいえ、現在のロシアが、日本人を皆殺しにできる軍事力を保有しているという事実が、まったく抜け落ちている。どこをどう押せば唐突《とうとつ》に戦争などと言う発想が出てくるのか、小学生にも劣る知性だろう。本人はしきりに、言論の自由などと抗《こう》弁《べん》するが、それ以前の問題で、単に知性が低いだけである。

こうした人間が、東大を卒業したというだけで、社会の中枢《ちゅうすう》で権力を握っている風潮に、一石を投じたいため、敢《あ》えて火中《かちゅう》の栗《くり》を拾うつもりで、問題提起したいと考えた。なお、公平を期するため、敬称は省略させてもらうことにする。

東大出てもバカはバカ　目次

第二章　日本を駄目にした東大卒の識者たち

第一章

東大出ても馬鹿は馬鹿

いわゆる受験秀才、受験エリートが、どうして受験馬鹿というような存在に堕《だ》してしまうのか、しばしば丸暗記教育の欠陥が指摘されるのだが、のちほど詳しく検証するとして、まずは、実例を挙げてみるほうが、手っ取り早いだろう。さっそく、いろいろな東大馬鹿を、俎上《そじょう》に載《の》せてみよう。

民情視察？　援助交際？　それとも水戸黄門気取り？　前川喜平

前川喜平《まえかわきへい》は、文部事務次官という官僚トップに登りつめた人物である。開成、武蔵とともに、私立御三家と言われる麻布中・高校を卒業し、東大法学部を卒業したから、典型的なエリートである。東大では、第二外国語にロシア語を選び、芦部信喜《あしべのぶよし》から憲法学を学んだ。芦部は、文化功労者に輝く斯界《しかい》の権威だが、左翼とは言わないまでも、護憲派のリベラルである。東大には、かつて総長の南原繁《なんばらしげる》が当時の吉田茂《よしだしげる》総理から、曲学阿世《きょくがくあせい》と批判されたように、敗戦に対する過度の反省から、極端な平和主義が横溢《おういつ》していたため、左翼に乗じられる思想的な土壌が存在した。当時、吉田茂の暴言として、問題になったが、今にしてみれば、吉田と南原と、どちらの主張が、戦後日本の指針となったかは、誰の目にも明らかである。

前川が受けた教育も、曲学阿世——学を曲げて、世に阿《おもね》る反権力という伝統を踏まえたものにならざるを得ない。ところが、東大を出たいわゆるエリートは、権力の側に身を置いているわけだから、やたらに反権力を振り回されても困ったことになる。

前川は、朝鮮学校の無償化という民主党政権の政策が、自民党の返り咲きによって覆《くつがえ》った際、文科省の担当者として、しかるべき対応を取らなかったことで、批判を受けることになる。また、加計学園の獣医学部の設置に関しても、反政府的な立場を取る。

前川の思想的な背景は、必ずしも東大だけにあるわけではない。その生い立ちにもあったようである。先祖代々の大地主であり、祖父は産業用の冷凍装置メーカーの創業者という恵まれた環境で育った。こうした生まれの人には、ともすれば、ある心理現象を伴うことが少なくない。これも東大出身の羽仁五郎《はにごろう》に代表される、いわゆる殿様左翼なる立場である。羽仁五郎は、群馬県桐生《きりゅう》市の名家に生まれ、なに不自由なく育ち、東京帝大を卒業する。戦時中からマルクス主義に感化され、戦後も一貫しているが、参議院議員に当選したこともある。三里塚《さんりづか》闘争など、多くの新左翼運動に関わり、盟主として仰がれるようになった。つまり、自分が、あまりにも恵まれすぎているため、哀れな下々《しもじも》の民草《たみくさ》どもを助けてつかわそうという気分になるものらしい。

前川も、たぶん羽仁に似た心情だったのだろう。官僚時代、いわゆる猛烈人間だったらしい。日に数時間しか眠らず、病気でも欠勤したことがないというから、すさまじい。そのツケが巡ってきて、のちに入院することになるが、FAX、メール、打ち合わせなど、病床でも働き詰めだったそうである。そこまで、己を律することができるとすれば、立派としか形容しようがないが、やがて、ぼろを出してしまう。

なんと、売春、援助交際など、とかく噂のある新宿の出会い系のバーに、足しげく通っていたという記事が、読売新聞で報道されてしまったのである。店内で値段の交渉をして、外へ連れ出すシステムで、前川から誘われたとする女の子の話なども飛び出したという。

しかし、当人は、大真面目で弁解する。女性の貧窮《ひんきゅう》を扱うドキュメント番組を観て、実態はどうなのか知ろうと思い立ったのだという。そこで、話を聞くため、食事をし、小遣いを与え、実地調査をしたわけだそうである。

なんとも、説得力に乏しい話だが、のちの週刊文春の報道によれば、前川と知り合ったという女性の証言では、身の上相談や就職相談などに、乗ってもらっただけとなっている。口裏を合わせているとも考えられるのだが、ほんとうに民情視察なのか、それとも援助交際だったのか、どちらとも取れるわけだから、真相は藪《やぶ》の中としか言いようがない。フィクションながら、テレビの水戸黄門にも、たしか女郎屋に売られそうになる女たちを助ける話があった。もしかしたら、水戸黄門気取りだったのかもしれない。どちらにしても、軽率の誹《そし》りは免《まぬが》れまい。

また、ひところ話題にもなったが、前川の座《ざ》右《ゆう》の銘《めい》がある。なんと「面従腹背《めんじゅうふくはい》」だそうである。表面上は服従しているように見せかけながら、腹の中では反抗しているという意味の四字熟語だ。官僚としての処世術なのだろうが、堂々と語るような座右の銘ではない。人間、誰しも、時に応じて、面従腹背を使い分けることもあるだろうが、大っぴらに座右の銘として公言する性質の四字熟語ではない。この一事をもってしても、前川という人物の人間性が知れよう。評論誌『Ｈａｎａｄａ』編集長の花田紀凱《はなだかずよし》は、「官僚の正義とは何？」と批判したものだった。

職を賭して(?)セクハラ　福田淳一

福田淳一《ふくだじゅんいち》は、神奈川県立湘南高校から東大法学部に入学し、在学中に司法試験に合格して、大蔵省（現財務省）には１９８２年に入省した。これも典型的なエリート官僚と言えよう。このころ、高度成長を達成した日本は、その余勢《よせい》を駆《か》って、アメリカを追い越しかねない絶頂期に向かっていた。日本経済を支える司令塔として、通産省（現経産省）とともに、大蔵省も重きをなしていた。こうした花形官庁の奢《おご》りがあったのだろう。やがてバブル崩壊とともに、ほころびが露呈《ろてい》する。

1998年（平成10年）、大蔵省を舞台とした大規模な汚職事件が、にわかに発覚する。監督官庁である大蔵省幹部が、多くの金融機関から接待を受けていたというのだから、まさに不祥事だが、その接待の場所が、世間の耳目をそばだたせた。なんと、ノーパンしゃぶしゃぶというレストランだという。ノーパンのホステスが、給仕するシステムらしいから、風俗営業に近い営業形態だったのだろう。行ったことがないから、詳しくは判らないながらも、連日にわたってテレビのワイドショーを賑わすことになった。

中心人物に、これも東大卒だが、証券局長だった長野厖士《ながのあつし》という人物がいた。そもそも大蔵省は、バブル崩壊、金融ビッグバン、総会屋問題など、おおくの問題を抱えていたから、本来なら責任を取らなければならない立場で、こんな優雅な接待など受けている余裕などないはずだった。無責任もはなはだしい。停職、減俸など、この長野もふくめて、実に112人が処分を受けた。また、刑事事件としても立件され、大蔵省、日銀を含めて6人の逮捕者を出し、他に3人が自殺し、大蔵大臣三塚博《みつづかひろし》、日銀総裁松下康雄《まつしたやすお》など、最高責任者すらも辞任に追い込まれた。一大疑獄《ぎごく》事件である。

話を、この項目の主人公の福田淳一に戻そう。福田は、こうした、お色気がらみの不祥事を見てきたはずである。ところが、先輩たちの教訓が、まったく生かされない。なんと、福田は、セクハラの常習者だったらしい。

例によって『週刊新潮』によれば、福田が、財務省トップの事務次官の立場を利用して、担当する新聞、雑誌、テレビなどの女性記者に、セクハラ行為を働いたというのである。

相手が事務次官ともなれば、生き馬の目を抜くと言われるほど、熾烈《しれつ》な競争をしているマスコミは、なにか重要情報をリークしてくれるのではないかと期待し、呼び出しに応じて、さっそくにも駆けつけるだろう。

ところが、わざわざ出向いても、財務省がらみの真面目な話にはならなかったようである。愛犬の写真を見せて、動物好きの好人物を演じてみせてから、セクハラ話にとりかかるという。

『週刊新潮』によれば、被害者はかなりの人数におよび、被害者の会ができるほどだったという。幸か不幸か、被害者の会は、結成されなかったものの、セクハラに該当する証言が、続々と現れる。さる記者は、彼氏がいるのかと言われ、いると答えると、セックスの回数まで訊かれたという。相手の素性まで、根掘り葉掘り尋ねられ、広告代理店に勤務する男性だと答えたところ、遊んで捨てられるぞと、忠告めかして言われたという。大きなお世話だろう。また、さる記者は、夜中にたびたび電話され、過去の男性関係を、ねちねちと訊かれたという。さらに「キスしていい」「ホテル行こう」などと、露骨に誘われた記者もいるというから、なにをか言わんやである。

『週刊新潮』によれば、ある女性記者とのやりとりが、克明に書かれている。記者は、当時のトップニュース森友学園の取材のつもりだが、答えをはぐらかすばかりでなく、唐突に「胸触っていい」とか「おっぱい触っていい」などと、とんでもないことばかり言う。

わたしも、小説家という無頼《ぶらい》な職業だから、聖人君子《せいじんくんし》のようなことを言うつもりはない。だいたい、われわれSF作家の大先輩、始祖H・G・ウェルズにしてからが、かなりの艶《えん》福家《ぷくか》で、妻公認の愛人と過ごしながら、数々の傑作SFを書いている。しかし、言っていいことと、言ってはいけないことの区別くらいは、常識で判断できる。

以前在職した島根県立大でも、セクハラに関する文書が回ってきたこともあり、教授会で話題になったこともある。プライバシーに関することは、親しくもない女性に訊くべきでないことなど、法律を持ち出すまでもなく、常識の範囲だろう。福田には、そのあたりの判断がつかないらしい。やはり、馬鹿としか呼びようがない。

報道が出たあと、福田淳一は、当時の麻生大臣から譴責《けんせき》され、訓戒《くんかい》処分を受けた。セクハラ行為が認定されたとして、減給20パーセント・6カ月の懲戒《ちょうかい》処分が発表され、辞任に追いやられた。つまり、職を賭して、セクハラに励んだことになる。

師匠が師匠なら、弟子も弟子　初鹿明博（衆議院議員）

政界渡り鳥という言葉がある。初鹿明博《はつしかあきひろ》の場合、まさに、ぴったりの形容だろう。その政党遍歴は、表にしてみないと判らないほどである。旧民主党→民主党→みどりの風→日本未来の党→みどりの風→維新の党→民進党、松野グループ→立憲民主党→無所属という目まぐるしさである。

東京大学法学部を卒業した初鹿の政治家としてのキャリアは、自民党の逢沢一朗《あいさわいちろう》衆議院議員の秘書からスタートした。逢沢といえば、かの文春砲の餌食になり、不明瞭な資金や、問題のある風俗店への出入りなどを、暴かれた過去がある。初鹿は、その後、旧民主党系から都議選に出馬するものの、あえなく落選してしまい、しばらくは鳩山由紀夫衆議院議員の秘書を務める。冒頭で簡単に触れたように、かの鳩山由紀夫といえば、やがて史上最悪とも噂される宰相になる。つまり、初鹿は、この二人の先達から、ご立派な薫陶を受けて政治家になったわけだ。

2001年の都議選に江戸川区から民主党公認で出馬して、初当選を果たした。都議として経験を積んだ上で、8年後に、自民党のオウンゴールのような失点から、折しも民主党ブームが起こり、自民党の有力者の島村宜伸《しまむらよしのぶ》を破って、国政に登場することになった。消費税に関しては、党議に反して、やがて離党に至る。

その後、各党を渡り歩くことになるのだが、なんと、維新の会にも、入党したことがある。それ以前には、外交面ではタカ派、第三極とはマヤカシなどと、厳しい批判を加えていた維新へ籍を移すことに、何ら矛盾を感じなかったらしい。なにか、筋の通った政治的な信念が、欠けている。このあたり、東大卒のエリート意識がなせる技かもしれない。唯《ゆい》我独尊《がどくそん》で、自己主張が強い人らしい。

初鹿の政治的なスタンスだが、一応リベラルということになっている。外交面では、北朝鮮、朝鮮総連にはシンパシーを抱いている。日朝友好都議連では、北朝鮮の豪雨災害への救恤《きゅうじゅつ》運動にも熱心だった。また、国会議員となってからは、朝鮮高校の授業料の無償化にも、しっかり協力している。それ自体は、熱心に政治活動に精を出していたわけだから、立場は異なっても、それなりに評価すべきだろう。だが、はたして、北朝鮮という究極の独裁国家の実情を、どこまで知っているのか、はなはだ疑問である。

わたし自身の経験でも、判り易い点である。もう半世紀近い昔の話になるが、さる文芸団体に加入したとき、自己紹介する新入会員のスピーチに違和感を覚えたことがある。韓国の独裁政権（当時の朴正熙《パクチョンヒ》政権）糾弾《きゅうだん》、原子力発電反対、天皇制批判の三点セットのようなことを言いさえすれば、あの人はリベラルで立派な作家だという評価が、おのずから醸《かも》し出される異様な雰囲気だった。おおかたの人にとって、左寄りの立場を表明することが、一種のポーズになっている時代相だったのだ。

しかし、21世紀ともなれば、拉致問題も明るみに出ているし、北朝鮮の独裁体制も報道されるようになっている。こうした独裁国家に、文句なしに肩入れするのは、バランス感覚に欠けているとしか思えない。地上の楽園などと、太鼓を叩いて持ち上げていた器用な文化人でさえも、今となっては、さすがに口をつぐむような様変わりである。

初鹿は、外国人参政権に関しても、やはり熱心であるし、安保法制にも反対だから、政策に関しては矛盾がない。いかにもリベラルの代表らしく、女性の人権尊重など、おいしいことを口にしているものの、言行が一致しない。

民進党時代の2016年末、初鹿は、二十代の舞台女優を、強引にホテルへ連れこもうとして、未遂に終わった。このことを、週刊新潮で報ぜられると、こう嘯《うそぶ》いたという。

「みんな奥さん以外に、はけ口を求めていると思うよ」

このことで、党の青年局長を辞任するに至った。かつて師匠の逢沢から薫陶を受けたせいかどうか知らないが、初鹿の色魔《しきま》ぶりは、これだけに留まらない。なんと、支持者の知人女性とタクシーに乗った際、どうやらオーラルセックスを強要して、ズボンのファスナーを開けることまでしたという。ここでも、週刊誌報道によれば、とんでもないことを、呟《つぶや》いたそうである。週刊文春の記事では、こうなっている。

「いや、あの、タクシーに一緒に乗ったのが合意」

弁解にもなんにもなっていない。こんな理屈が通るようでは、うっかり異性とタクシーにも乗れなくなる。わたしも女性とタクシーに同乗したことは何度もあるが、合意だなどと思ったことは一度もない。これは、強制猥褻、つまり刑事犯に問われるほどの行動である。実際、警察も動き出した。葛西署は、初鹿を強制猥褻《わいせつ》容疑で、書類送検した。

２０１９年12月、初鹿は立憲民主党に離党届を提出して受理されている。目下のところ、初鹿は、国会議員は辞職していない。

男女の関係はない？　山尾（菅野）志桜里

臍《へそ》から下のスキャンダルは、男ばかりとは限らない。山尾志桜里《やまおしおり》代議士も、なかなかのものである。なにしろ政界きっての美人だから、男が放っておかないのかもしれない。才色兼備という言葉があるが、彼女のためにあるといっても過言ではない。華麗な経歴である。

山尾は、小学生のころ、マルチキャストの一人として、ミュージカル『アニー』の主役を務めたことがある。常に脚光を浴びていないと気が済まない人生は、このころから始まっているのだろう。子役としてのキャリアは、山尾の人間力に資しているにちがいない。わたしも、テレビ出演などで、何度か子役タレントと同席した機会があるが、子供らしくないくらい如才《じょさい》ない子が、ほとんどだった。大人社会で生きていくための知恵が身についていているのだろう。

しかし、その後の山尾の人生は、エリートもエリート、いかめしいほどのキャリアになる。東京大学法学部を卒業し、司法試験に合格し、検察官の道を歩みはじめる。その一方、私生活では、旧ライブドア役員の山尾恭生《やまおやすお》と結婚している。政界へのデビューは、あの小沢一郎の推挙《すいきょ》からという。民主党の候補者公募に応募してきたところ、すでに県連が擁立を決めていた女性市議が辞退したことから、急遽、候補となったいきさつだという。こうして愛知7区から立候補して、民主党ブーム（？）の２００９年に初当選を果たす。しかし、政治家として、さしたる業績を残すこともなく、次回の選挙では、野党票が割れたため、あえなく落選してしまう。政界に返り咲くのは２０１４年のことで、かの山田洋次監督からも支持を取り付けている。

山尾志桜里の名が、一躍有名になるのは、さる人のブログを引用し、国会で安倍総理に迫ったことからである。

「保育園落ちた。日本死ね」は、新語・流行語大賞で、トップ10入りし、授賞式に出席し、美人議員の存在感を、全国のテレビ視聴者に見せつけることになった。しかし、この流行語ともなった台詞は、もともと彼女のものではない。子育て支援は、山尾の政策の一つの柱だったから、このブログに便乗することによって、人気を得たわけだが、後に馬脚《ばきゃく》を現してしまう。後述する男とのお泊りで、彼女自身が、自分の子を待機児童にしてしまったのは、なんとも皮肉である。

山尾の不祥事の初めは、政治資金問題からである。なんと年間二百数十万円ものガソリン代を計上して、世の顰蹙《ひんしゅく》をかった。時には、同じ店舗で、1日当たり10万円ものガソリン代を支払ったことになっていて、どうにも説明が付かない事態に陥った。わたしも、カー、バイクには目がない方で、これまで30台ほど乗り替えてきているが、いくら好きでも、一日のあいだに、そんなに車に乗れるわけがない。ここでは、しばしば代議士が使う常套《じょうとう》手段、秘書がやったという苦しい言い訳で、どうにか切りぬけたものである。

次に山尾を襲ったのが、弁護士の倉持麟太郎《くらもちりんたろう》との不倫スキャンダル。ガソリン代の不正より、はるかにワイドショー受けするトピックだから、マスコミが飛びつき、おおいに世間の耳目を欹《そばだ》たせた。特に、倉持の妻が病気療養中ということもあって、山尾への非難が、多くの女性支持者から寄せられることになる。女性の目で見れば、いわば火事場泥棒のような所業が、許せなかったのだろう。その後も、お泊りは続くのだが、仕事を手伝ってもらっただけで、男女の関係はないと、シラを切り続ける。さすがに、ここでは、秘書がやったとは言い抜けられない。おたがい既婚者同士だから、大っぴらにはできない。

そこで、山尾は、ある奇策に打って出た。なんと、倉持を事務所の政策顧問に据えたのである。こうすれば、男女の関係ではなく、仕事上の関係として、いつ会っていても、理屈が付くと踏んだのかもしれないが、なんとも説得力に欠ける。山尾は、このスキャンダルで、民進党を離党するのだが、次の選挙では無所属で当選を果たす。選挙には強いのである。政治家が、しばしば口にする台詞だが、禊《みそぎ》は済んだというわけだろう。

しかし、双方の配偶者からも批判が噴出する。倉持の妻は、週刊文春の取材に答え、こう語っている。

「彼女は、夫婦の寝室まで上がり込んで、わたしのすべてを奪っていった」

倉持の妻は、山尾を相手どって、訴訟の準備をしているという。また、山尾の夫は、離婚に踏みきった。山尾恭生の会社が傾き、債権者から返済を迫られる事態に陥ったのは、妻の志桜里の選挙に資金を流用したせいだとも言われる。こうして、山尾は、旧姓の菅野に復したことになる。男女別姓は、山尾の政策のひとつだから、期せずして、その主張が実現してしまったことになる。ただ、次の選挙では、有権者も困るには違いない。有名になった山尾志桜里ではなく、菅野志桜里では、別人と勘違いされるかもしれない。

わたしの友人のクリエイターにも、離婚したものの、前夫の姓のままで仕事を続けている女性がいる。旧姓に戻してしまうと、ネームバリューがないため、仕事が来なくなるかもしれないからだ。

ただ、山尾が2020年3月、立憲民主党を離党したことは評価できよう。以前から、憲法改正、国防などを論じて、党内から批判が続出している。政策的にはしっかりしたものを持っているのだろうから、旧社会党の亡霊のような立民党にいる必要はなかったということだろう。

暴言暴力ヒステリー女　豊田真由子

俗に下半身には、人格がないと言われる。山尾志桜里の場合は、まさに、このケースだろう。一方、豊田真由子《とよたまゆこ》の場合は、良き夫とめぐりあい一男一女を育てあげ、良き妻、良き母として過ごし、浮いた噂もなかったのだから、下半身の人格は完璧だったのだろう。問題は、上半身の人格のほうにあった。

豊田は、一時期はワイドショーのメインイベントの主役になった。「この、ハゲーっ！」「ち、が、う、だろー！」という罵詈雑言《ばりぞうごん》が、連日のようにテレビから流れ出たのだから、印象は強烈だった。しかも、車を運転する秘書を後ろから蹴飛ばして、怪我をさせたと言うのだから、どうにも穏やかではない。身の危険を感じた秘書の録音した彼女の罵声が、毎日のようにテレビから流されることになる。

そもそも、豊田真由子とは、何者なのだろうか？　この人も、東京大学法学部出身の秀才で、厚生労働省の課長補佐まで登りつめたのだから、経歴は非の打ちどころがない。途中、ハーバード大学大学院に留学し、修士号を取得しているから、国際人である。一等書記官としてジュネーブに赴任し、ここで長男を、パリで長女を出産しているから、公私ともに輝かしい経歴と言えるだろう。

2011年、あの大災害の年に帰国する。復興が進まない日本の現状と、民主党政権の無策ぶりに、憤《いきどお》りを覚えたという。自ら厚生官僚として、仮設住宅、避難先の案件などに関わった経験から、問題意識を持つようになり、自民党埼玉県連の公募に応じ、政治の世界に転身する。自民党でも、職歴を活かして、厚生福祉関係の部会などを担当し、仕事師としての評価を高めていく。このままなら、さらに輝かしい未来が待ち受けていたにちがいない。

「この、ハゲーっ！」「ち、が、う、だろー！」事件の予兆は、すでに2014年に現れていた。豊田夫妻は、天皇陛下の園遊会に招かれていた。それ自体、名誉なことだが、招待者名簿にある夫ではなく、母親を同伴して出席しようとし、制止する宮内庁職員とトラブルになった。豊田は、大声を挙げて叫びたて、強引に入場してしまったという。切れやすい性格なのだろう。

あまり問題にならなかったが、これはセキュリティの見地からすれば、とんでもない暴《ぼう》挙《きょ》である。天皇陛下、皇族方、政府首脳の臨席のもとで行なわれる園遊会に、名簿にない人物を迎えるわけにはいかない。大事なかったからよいようなものだが、万一テロリストに脅されて同伴したなどというケースなら、重大事態に発展する可能性も生じる。

結局、宮内庁は、衆議院の事務方に対して、抗議ということではなく、ルールの遵守《じゅんしゅ》を、やんわりと申し入れるにとどまったが、この時点で、おおごとにしておけば、「この、ハゲーっ！」「ち、が、う、だろー！」事件は、防げたのかもしれない。セキュリティに甘い日本ならではのことで、外国なら通らない事案だろう。

豊田は、このあと、医療法人『徳州会』系の企業から寄付を受け、発覚して返金している。厚生官僚としてのキャリアを勘案すれば、行政指導すべき法人からの寄付は、不適切そのものだが、さして問題にはならなかった。

「この、ハゲーっ！」「ち、が、う、だろー！」事件は、さすがに大問題になった。マスコミで面白おかしく取り上げられた、この台詞以外にも、暴言、パワハラ、暴行に類する事案が、ぞろぞろ出てきた。いわく。

「お前ら、白痴か！」「痴呆症か、お前！」「うん、死ねば。生きている価値ないだろ！」「鉄パイプで、お前の頭、砕いてやろか！」などなど、罵詈雑言の羅列である。日本語は、世界一、悪口の単語が少ない言語だと言う。韓国語など、辱説《ヨクソル》と言って、相手を罵《ののし》る語彙《ごい》が、日本語の何十倍もある。友人のＳＦ翻訳家が嘆いていたことがある。英語では、さまざまに使い分けられている罵詈雑言が、日本語では語彙が少ないため、せいぜい、こん畜生、馬鹿野郎くらいしか、訳しようがないからだという。豊田は、その少ない悪口の語彙を、最大限に駆使して、罵り続けたことになる。

　秘書が、過ちを犯したことを詫びる際、そんなつもりはなかったと弁解すると、こう怒鳴ったという。

「お前の娘がさ、通り魔に強姦されて死んだと。いや犯すつもりはなかったんです。合意の上です、殺すつもりはなかったんですと。腹立たない？」

仕事上の過失を叱責するための譬《たと》えの域を越えている。飛躍も飛躍、もしかしたら、欲求不満が昂じたのかもしれない。常識では考えられないほど逸脱した譬えだろう。そもそも、相手をお前呼ばわりするのも、普通ではない。ひょっとすると、代議士と秘書の関係は、そうした封建的な主従関係の延長線上にあるのだろうか。その世界を知らないから、断定はできないが、どう見ても対等の関係ではない。

わたしの体験では、恩師ともいうべき故・手塚治虫《てづかおさむ》は、私に対しても、常にですます調で話してくれた。特に仕事の打ち合わせでは、高圧的に話すことは、一度もなかった。クリエイティブな仕事をするとき、相手が萎縮《いしゅく》してしまっては、良いアイデアも出てこなくなるからだ。

わたしも同じ豊田だが、真由子のケースは、同じ姓の一人としても、恥ずかしい限りだ。やはり、エリートとしての奢《おご》りがあったのだろう。そうでなければ、ここまで傲慢にはなれないはずだ。

その後の豊田真由子は、再度、選挙に挑むが、かずかずの汚名を払拭できず、あえなく落選する。次の選挙では、かの「ＮＨＫから国民を守る会」から出馬のオファーを受けるものの、固辞《こじ》して政界を引退する。いわば廃物利用のような申し出に、乗りたくなかったのかもしれない。かつての良き妻、良き母に戻っていれば、これに越したことはない。

原発をもてあそんだトリックスター　米山隆一（元新潟県知事）

元新潟県知事米山隆一《よねやまりゅういち》。この人物、学歴が、すさまじい。東京大学医学部を卒業した医学博士で、同時に司法試験にもパスし、ハーバード大学附属病院にも勤務したという。いわば学歴の上では、申し分のない人なのだが、その後の経歴は、医師としても弁護士としても、さして華々しいものではないようである。

本職のほうはともかく、政治志向がある人らしく、自民党公認で立候補したものの、新潟という土地柄からか、田中真紀子に何度か苦杯をなめさせられている。その後も、政治志向は続き、維新の会に移るが、ここでも大敗する。2016年、思いがけぬ風が吹いた。四選確実と見られていた泉田裕彦《いずみだひろひこ》知事が、マスコミ報道を奇禍《きか》として出馬断念を宣言する。自民党が、原発に慎重だった泉田の対抗馬の候補を決めていたため、原発反対派は泉田の代わりとして、米山を担ぐことになった。

そもそも米山は、自民党時代、原発には賛成していたのである。米山は、2012年6月30日付けの「10年先のために」と称するブログで、原発再稼働を主張している。3・11大災厄《だいさいやく》から僅《わず》か1年しか経っていない。勇気のいる先見の明と言えよう。電源喪失を防ぐためにも、副電源タワーを敷地内に設けるべきだとする積極的な提言すら行なっている。

また、米山は、放射線医学を志していた時期もあり、その面でも専門家の素質を備えているはずである。ところが、泉田の後継者として、反原発派から担がれたことから、こうした過去をすっかり忘れてしまったようである。折からの原発＝逆メシア・ブームに乗ったせいだろう。見事当選して政治家への一歩を踏み出すことになる。政治志向の夢をかなえたわけだろうが、原発再稼働を主張していたことと、矛盾するとは考えないのだろうか。学歴から見て、記憶力の良い人なのだろうが、節操《せっそう》がなさすぎる。また、ものごとの判断力は、受験秀才の丸暗記の記憶力とは別物だろうから、まったく備わっていないようにも見える。

分析的、論理的な思考力に欠けるらしいことは、米山の評論家石平《せきへい》への悪罵からも判る。東京新聞の望月衣塑子《いそこ》記者を批判した石平に対して、米山は、「独裁政権と批判する中国政府と直接対峙することなく日本人向けに中国政府批判を展開している」として、吐き気がするとまで罵倒している。米山の思考がおかしいのは、中国系とは言っても、石平が日本国籍である点だろう。日本人が中国政府と直接対峙する義務などない。日本人が日本人向けに中国批判をして、どこが悪いのか？　日本人が、中国批判を許されなくなったら、それこそ一大事である。望月記者を擁護したつもりなのだろうが、民主的な選挙で選ばれた日本政府と、一党独裁の中国政府を、同一には論じられまい。しかも、吐き気がするとまで他人を罵ることは、人格的な欠陥を自らさらけ出したようなものだろう。事実、ネットにも、同様の批判があふれていた。

もしかしたら、米山は、中国系日本人という存在を認めない単一民族主義のレイシストなのか？　保守なのか、いわゆるリベラルなのか、さっぱり判らない人物である。さすがに、擁立してくれた反対派への義理だけはわきまえていると見えて、原発反対は変わりそうもなかったが、別なところでも、悶着《もんちゃく》を起こしている。米山が、しばしば自身の思想、国政、日本社会の風潮など、県政と関わりのないことを、ツイッターなどで発信するので、多くの県議などから、県益を損なうなどの批判も出ていたという。

米山が知事だったころ、柏崎刈羽発電所の6、7号機は、原子力規制委員会の厳しい審査をパスした。再稼働への第一歩となるはずだったが、ここで米山は、福島第一原発の検証が終わるまで、再稼働は認めないと言いだした。

東京電力と東芝・日立が、世界に問うた技術の集積が、柏崎刈羽原子力発電所である。合計出力は、821万2千キロワット、世界最大の原発サイトとなった。単に出力が大きいだけではない。6号機、7号機は世界初のABWR（改良型沸騰水炉）であり、開発メーカーであるGE社をしのぐ技術で改良され、整備性、安全性も向上し、また耐震設計も進歩している。これらABWRは、1996年から運転を開始している。その安全性は、2007年の新潟中越沖地震の際、見事に証明された。3号機の外部変圧器に火災があった程度で、IAEA（国際原子力機関）をはじめ、各国の専門家から称賛されたほどである。

しかし、前途洋々《ぜんとようよう》と見えた日本の原発に、悲劇が襲った。3・11（東日本大震災）である。当時、想定外は許されない、というスローガンが、流行語にまでなってしまった。あの地震、津波は、想定外も想定外、予想外も予想外だった。人間が、森羅万象《しんらばんしょう》を想定できるとするのは、思い上がり以外のなにものでもない。

フランスのサルコジ大統領（当時）は、訪日第一声で、災害《デザストル》（dèsastre）と言わずに、大災厄《カタストロフ》（catastrophe）と呼んでいる。また、韓国の李明博《イミョンバク》大統領（当時）も、

「人知を超越した大災害《インジ・ルル・チョウォル・ラン・テージェへ》」と形容している。つまり、〝原発憎し〟の歪《ゆが》んだ情報だけを注入されている日本人以外の人々は、あの大災厄に想定外の要素を認めていたのである。巨大な防潮堤、防波堤をもってしても、この度の稀有《けう》の大災厄を防ぐことができず、死者、行方不明者あわせて2万人ちかい代償を支払うことになった。

千年に一度と言われる大災厄である。マグニチュード9という史上最大級の地震と、それに伴う津波が襲ってきた。現代の知見を以てしては、不可抗力だったと言えないこともない。まず、危機管理を一民間企業だけに任せてきたという制度上の問題もある。

さらに、当時の政権の対応も、今にして思えば、最悪だったと言えよう。日本一の放射線症治療の権威だった故・長瀧重信《ながたきしげのぶ》氏は、全村避難には初めから警鐘を鳴らしておられた。また、各種の放射線規制値にも、疑問を呈しておられた。放射線を「正しく恐れよ」と常々、仰《おっしゃ》っていた。放射線に関しては、汚染が誇大に報じられることが多かったが、むしろ情報汚染（information contamination）とでも呼ぶべき社会現象のほうが大問題になった。全村避難によって、ストレスで死亡する危険のほうが、放射線被曝による危険より遥かに高かったのだ。

また、放射線への規制値も、厳しくすればするほど、良心的であるかのような錯覚から、ことさらに不必要な厳しい値を設定することが少なくなかった。例えば、食肉1キロ当たり100ベクレル。国際的な規制値は、ほぼ1200ベクレル。人体そのものが、1キロ当たり120ベクレルの放射能を有している。専門家の間で、人食い人種は、何を食べたらよいのか、というジョークが出たほどである。

また、マスコミも、無知か故意か、わざと必要な情報を報道しなかった。放射線の強さは、線源からの距離の二乗に反比例する。つまり、線源から倍離れれば、2分の1ではなく、4分の1になる、3倍なら9分の1に減る。従って、残土など、その上でずっと寝ているのでもないかぎり、近くを通りかかったくらいでは、なんの影響もない。危険なのは原発サイトの中だけという状態になっても、まるでモノノケのように放射能を恐れる報道が、まかり通る始末だった。

こうした異様な事態を受けて、世界最大の原発立地点である柏崎刈羽の発電所も停止したまま、運転再開の見込みが経たずに、時ばかり経過して行った。米山は、日本のエネルギー政策を左右する役割を演じるはずが、無為《むい》に時間を空費《くうひ》したのである。

今や、世界最大の原発サイトは、再稼働が望めなくなっている。東電は寒波の際、他電力から電気を融通してもらい、かろうじてしのぐことができた。だが、夏の電力最大需要期にも、対応できる見込みはない。電気は、産業の米《コメ》と言われる。現在、BWR（沸騰水炉）は、一基も稼働していない。この炉型を採用している他の電力会社も、まず手始めにABWRが一基だけでも稼働するのを、首を長くして待ち続けている。最新のABWR3号機を稼働する直前に、3・11に見舞われた中国電力のような気の毒な会社もある。

世は、EVブーム。だが、その電気は、どこから得るのか。かつてエネルギー自給率4パーセント、多く見積もる人で6パーセントという水準だった。国中で鐘と太鼓で奨励した結果、再生可能エネルギーが増えたものの、自給率は僅か7～8パーセントに上がっただけである。残りの九十数パーセントをどうするのか。電気を得る魔法のような方法でもあると言うのだろうか。

トリックスター米山隆一は、複数の女性との援助交際が発覚して、2018年、辞職に追い込まれた。相手の女性の中には、女子大生や未成年者も含まれていたらしい。金銭の授受を伴ったのだから、売春防止法にも抵触する。ただ、本人は、「相手も思っていてくれたと思う」などと、未練がましく弁解している。女子大生が売春をしていると見るからスキャンダルだが、売春婦が向学心に燃えて、大学で学んでいると考えれば美談になると喝破《かっぱ》した人がいるが、これも、ご時世というものだろう。なんとも情けない幕切れである。

もてない中年男の悲喜劇だなどと、ネットでもからかわれる始末だった。

最近、米山が、タレントの室井佑月《むろいゆづき》と結婚したというニュースに接した。家庭を持ち、素行も収まり、妄言《もうげん》も吐かなくなり、東大馬鹿を卒業してくれれば、それに越したことはないだろう。ひとまず、祝福しておくとしよう。

獣医師会の広告塔に堕した？　玉木雄一郎

玉木雄一郎《たまきゆういちろう》は、東京大学法学部を卒業し、旧大蔵省、現財務省を経て、省からハーバード大学へ留学したというキャリアで、これまたエリート中のエリートである。財務省主計局主査で、官僚としてのキャリアを終え、政界入りしたのは、同時期の多くの政治家と同様、自民党の失点で勢いを得た民主党からで、2009年の鳩山由紀夫首相の登場の際にあたる。前原誠司《まえはらせいじ》が政策調査会長に就任すると、そのもとで補佐に起用される。比較的リベラル気取りの多い民主党にあって、良い意味の保守色の強い人物で、政治スタンスも安定していた。

実は、私も、玉木には、会ったことがある。40年来の友人ダレル・A・ジェンクスの紹介である。ダレル（故人）とは、かれが在日アメリカ大使館に勤めていた昔、趣味のジャズを通じて知りあったのだが、その後、韓国、ブラジル、サウディアラビアなど、各地に転勤になり、ようやく国務省日本語研修所の所長ということで横浜へ戻ってきてから、旧交を温めるようになった。友人のサックス奏者の中村誠一に引きあわせたり、岩手県平泉の案内がてら一関市の有名なジャズ喫茶『ベイシー』を夫婦同士で訪れたこともある。

わたしは、ダレルのパーティで、玉木としばらく話しこんだ。話題は、日本のエネルギー自給率の低さに及んだ。玉木は、なんと、トリウム原子炉について話し始めたのである。

わたしは、かつて大平正芳総理の政策諮問《しもん》委員会（科学技術の史的展開）グループに招聘《しょうへい》され、原子力のPA（社会的受容）研究を担当し、日本中の全ての原子炉、ほとんどの関連施設を取材したことがある。口はばったい表現になるが、80年代の原子力のPA研究にかけては、わたしの右に出る者はいなかったと断言できる。そんな酔狂《すいきょう》なことをする人間は、たぶん他にはいないだろうからである。

トリウム原子炉は、これまでの原発とは異なる。原子番号90の元素トリウムは、それ自体は自発核分裂能力を持たない。だが、素粒子加速器で陽子《プロトン》や中性子《ニュートロン》を衝突させてやると、ウラン232、ウラン233に変換する。このウランの人工放射性同位元素《アイソトープ》は自発核分裂能力を持ち、発電に使える。トリウム資源は、インドに偏在し、ブラジルにも産出するが、僅か百数十年の採掘可能量しかない天然ウラン資源と比べると、ほとんど無尽蔵とも言える埋蔵量を有している。しかも、トリウム核燃料サイクルでは、厄介者のプルトニウムが出ることはない。こう書くと、いいことずくめのようだが、トリウムをウランに転換するためには、4弗化《ふっか》トリウムを循環させる溶融塩炉《ようゆうえんろ》を設け、それに亜光速で陽子を打ちこんでやらないとならない。

トリウムの大産地インドは、アジア初の原子炉、アジア初の使用済み核燃料処理施設を稼働させた核先進国だったが、その後は停滞している。わたしも、トロンベイのホミ・バーバ原子力研究センターを訪れたことがある。現在のインドの技術では不可能だが、素粒子加速器に関して超先進国の日本が協力すれば、夢のトリウム原子炉を実現できる。

わたしは、玉木と話して、正直いって感動した。日本の若い政治家で、これほどの識見《しきけん》を持っている人物がいるのかと、信じられない思いだった。口を開けば、再生可能エネルギーを妄信して、したり顔で語る人間は掃いて捨てるほどいる。しかし、専門家以外では、ここまで踏み込んで、日本のエネルギー問題を考えている人物に出会ったのは、初めてである。わたしは感激して、帰宅するなり、トリウム原子炉を扱った拙著『核ジャック1988』(集英社刊)を、玉木のもとに送った。その後、会うこともなかったが、政界での動きは、新聞やテレビで知っていた。

玉木は、民進党代表の選挙では蓮舫《れんほう》に敗北し、幹事長代理に甘んじた。また、その後の政党の再編成の動きでは、国民民主党の代表に収まったものの、党勢は衰退の一途を辿《たど》るばかりだった。その焦りからか、玉木は安倍政権追及には熱心で、いわゆるモリカケ問題では、執拗《しつよう》に攻撃したものの、むしろ逆効果に終わる。政府批判といえば格好いいが、単なる揚げ足とりに終ってしまう。自らの政策を熱く語らないからいけないのだ。

大手のマスコミは、どういうわけか報道を控えているが、玉木の父親は、香川県獣医師会の副会長であり、実弟も獣医師である。正義を装って、安倍追及に熱を入れれば入れるほど、作為がほの見えてくる。現在、狂牛病、鳥インフルエンザ、豚コレラなど、これまで知られていなかった鳥獣類の伝染病が猛威を振るっている。目下、獣医師がたいへん不足している。巷《ちまた》でペットを相手とする獣医ばかりでなく、各種の公的機関、研究機関でも、多くの獣医師を必要としている。

しかし、玉木は、加計学園に獣医学部を新設することに、猛烈に反対した。父や弟の獣医師としての既得権を守るため、汲汲《きゅうきゅう》としていたと取られても仕方があるまい。玉木は、かつて、わたしに対してしたように、もはや理想を語らなくなったのだろうか。党利党《とうりとう》略《りゃく》だけに明け暮れしているとしか見えない。

わたしは、残念でならない。今や、旧社会党の亡霊のような立憲民主党との合流話すら、進んでいる。幸い、原子力発電推進を引っ込めるつもりはないようだが、いつまで持ちこたえられるか、はなはだ心もとない。わたしは、玉木との縁では、他にもつながりがある。大平総理のブレーンだった人びとは、故・浅利慶太《あさりけいた》が音頭を取って、研牛会なる集まりを組織し、毎年七月七日に、パーティを開いていた。その世話役の渡辺満子《わたなべみつこ》は、大平総理の孫にあたり、わたしとも面識があるが、現在は玉木の公設秘書を務めていると漏れ聞いている。

コロナウイルスという国難を前にして、立憲民主党は、あいもかわらず「桜を見る会」の追及にうつつを抜かしていた。そのため、党勢は低下するばかりだった。このところ、国民民主党の玉木の国会質問が光っている。対案を出しての質問だけに、説得力を持っている。期待したい。

玉木雄一郎、瑣事《さじ》に煩《わずら》わされることなく、孤高《ここう》を貫《つらぬ》いても、ふたたび未来への夢を語ってもらいたい。コロナ危機が落ち着いたら、親日国インドと連携して、夢の原子炉トリウム炉の実現を語ってほしい。わたしも老骨に鞭打《むちう》って、協力を惜しむまい。

内部告発気取り、自意識過剰の勘違い男　古賀茂明

ひところ、テレビのワイドショーを賑《にぎ》わせたコメンテーターに、古賀茂明《こがしげあき》という人物がいた。官僚上がりにしては、体制的でないところが、一時期の人気につながった。たしかに、内部告発をする官僚という立場の発言は、マスコミが飛びつくだけの魅力だった。しかし、しだいに、その正体が露見《ろけん》してくる。獅子身中《しししんちゅう》の虫という形容がぴったりの小者にすぎないと、やがてばれてしまったのだ。

古賀はいちおう、東京大学法学部を卒業して通産省に入る。外務省に出向し、さる国の領事を経ただけで事実上は終わったようである。以後、本省に戻り大臣官房、独立法人など、官僚の本流でないポストに配属され、出世街道から外れたらしい。在任中から、己の処遇に不満を抱いていたらしいから、官界、政界批判で、鬱積《うっせき》するものがあったのだろう。

『官僚の責任』『日本中枢の崩壊』などの著書がベストセラーになり、やがて退官する。ほんものの官僚が、官界に代表される日本を、こっぴどく叩いてみせたのだから、たしかに受ける要素はある。

このあたりから、古賀の勘違いが始まったようである。自意識過剰から、自分を実際以上の大物と過信《かしん》したらしい。テレビで引っ張りだこになり、たぶん有頂天になったのだろう。わたしも、テレビのワイドショーのコメンテーターを務めたことがあるが、あれはあくまで文字通りのショーだろう。予定調和のような視聴者が望むコメントを喋っていさえすれば、丸く収まる。官界というのは、一般の視聴者には馴染みのない世界だから、たぶんに色が付いていても、なんらかの解説、批判などしてくれるコメンテーターが、貴重だったにちがいない。

古賀は、一躍、時代の寵児《ちょうじ》となったかのように錯覚したらしい。受け狙いのためなのか、しだいに奇妙なことを口走るようになる。2012年のテレビ朝日「モーニングバード」では、大飯《おおい》原発の再稼働に関して、こうコメントしている。

「火力発電所でわざと事故を起こす、あるいは事故が起きた時、しばらく動かさないようにして、電力が大幅に足りない状況を作り出し、パニックを起こすことにより、原子力を再稼働するしかないという、いわば停電テロといった状況にもっていこうとしている」

古賀は、とんでもないことを言いだした。まるで下手なＳＦである。実際に発電所の現場を見たことがあるのだろうか。停電でも起これば、みんな電気のありがたさが判る、と冗談めかして言う人はいる。しかし、現場の人たちは、産業の米、大動脈である電気を停めるわけにはいかないという、大きな使命感のもとで日々努力している。世代の差といってしまえば、それまでの話だが、古賀は停電を知らない世代である。

わたしの世代は、敗戦によってインフラが壊滅状態になり、停電が日常茶飯事《にちじょうさはんじ》だった時代に、小学生活を送っている。家電製品など、まったく普及していなかったから、暗い白熱電灯だけが頼りだったが、それすら安心できない。宿題をやっていると、だしぬけに電気が消える。こちらも心得たもので、ただちにランプやろうそくを点《つ》ける。すると、まもなく、電気が点くが、また消える。そのたびにランプやろうそくを、点けたり消したりする。同じことの繰り返しになるから、いらいらが募《つの》る。

時には電力会社も、50ボルト送電に切り替え、節電しようとする。１００ボルト用の電球は、とたんに暗くなる。いつの時代も、利に聡《さと》い人はいるもので、50ボルト用という電球を密造する。これなら、同じアンペアが流れるわけだから、充分に明るい。ところが、電力会社もさるもので、時々１００ボルト送電に戻してしまう。倍の電圧がかかっては、電球はすぐ切れてしまう。ただちに消さないと、高値で手に入れた密造電球が、駄目になってしまう。電力会社も必死、消費者も必死だったのだ。

暗いところで宿題をやるから、学童の仮性近視が増えた。実は、わたしも、小学生のころ、この仮性近視になってしまい、アトロピンという散瞳剤《さんどうざい》を処方され、かろうじて治ったものだ。

古賀は、停電陰謀論をもてあそんだだけである。古賀のコメントは、だんだん現実から逸脱するようになる。充分な知識と分析力が、初めから欠如しているからだろう。

『報道ステーション』では、ＩＳ（イスラム国）による日本人誘拐に関して、安倍内閣がＩＳと戦うことを支援すると明言したことに関して、誘拐犯を刺激するだけだと切って捨て、「I am not ABE」というプラカードを掲げて交渉に臨むと、まるで子供じみた発言をする始末だった。古賀は「改革はするが、戦争はしない」というフォーラムを立ち上げているから、日本人好みの平和教の伝道者を気取ったのかもしれない。しかし、そんなことで、現実に誘拐された日本人を解放できるほど、テロリストは甘いものではない。ＩＳは、女性の人権すら認めないイスラム原理主義の狂信者の集まりである。こうした連中を相手どって、我が国の首相を貶《おとし》めることは、国益に合致しない。こんな当たり前のことすら判らない、東大馬鹿の本性を露呈したことになる。

やがて、古賀は、コメンテーターを降りることになるが、あたかも官邸の圧力があったかのように発言し、またもや物議をかもした。こんな小者を相手にするほど、官邸も暇ではあるまい。古賀のコメントが面白くないから、降ろされただけである。こうなると、自意識過剰に被害妄想が加わるから、始末に負えない。その後も、現政権に反対する勢力には担《かつ》がれているようだが、すでに賞味期限は切れたと見るべきである。東大を出たというだけでカラ人気が続くほど、マスコミ業界は甘くない。

長靴を履かない政務官　務台俊介

務台俊介《むたいしゅんすけ》は、旧自治省の官僚上がりの政治家である。東大法学部の出身の典型で、自治官僚として、出世街道を走っていた。広島県、群馬県などへ、自治省から出向する。わたしも、島根県立大で教鞭《きょうべん》を取ったことがあるが、県庁などに出張すると、出向している自治官僚を、県職員がまるで腫《は》れものに触るかのように、うやうやしく扱っている場面にでくわしたことがある。かれらが、根拠のない自信を付けてしまい、きわめて尊大に振舞うケースも少なくないらしい。わたしのような一匹オオカミで生きてきた人間は、地位や肩書で人を判断しないが、世間では、こうした価値観が一般的なのだろう。

務台は、地方分権、防災、安全保障などのポストを歴任して、さる財団のロンドン事務所長を最後に退官する。この間、長野県知事選で出馬を要請されるが、このときは固辞した。２００９年に自民党公認、公明党推薦で、衆議院選挙に地元長野から出馬するが、折からの民主党ブームのため、あえなく落選する。後に安倍首相が悪夢と呼んだことで、反対陣営から反発を買ったが、自民党のオウンゴール、民主党への奇妙な期待は、良いにつけ悪いにつけ、多くの政治家のターニングポイントとなったことは、確かだろう。

３年後、務台は、捲土重来《けんどちょうらい》を期して立候補し、見事に当選を果たす。２０１６年、いわば最初の舌禍《ぜっか》に遭う。「行き過ぎた東京一極集中を打破する議員連盟」の会合でこう言ってのけた。「東京をすべて便利にすると、ますます東京に来て子育てするようになる。ある程度、東京に行くとコストがかかり不便だ、としない限り駄目だ」

裏を返せば、東京をもっと不便にしろということになるから、現に東京に住んでいる人間から見れば、面白くない発言だが、この程度は、まあ口が滑ったというくらいだから、東京人も我慢したようで、べつだん大きな問題にはならなかった。どうやら、ジョークのつもりで言ったらしいが、ジョークというものは、人柄が出るから難しいのである。わたしの世界でも、こんなことがあった。あるとき、星新一《ほししんいち》が言ったジョークが受けたので、さる人が別な機会に言ってみたところ、相手が本気にして激怒し、以後ずっと険悪な間柄になってしまった。軽妙洒脱《けいみょうしゃだつ》に星新一が喋るから、ジョークで通るのだ。冗談が冗談でなくなるというケースだ。このことが、後の務台の不謹慎な発言の伏線のような作用をすることになる。

務台にとって、最大のビッグイベントが、2016年に訪れる。台風10号の被災地の岩手県岩泉町《いわいずみちょう》に復興大臣政務官として赴《おもむ》いた際、醜態《しゅうたい》を演じてしまう。岩泉町は、内陸に入った行き止まりのような地形にあるから、街道が被害に遭えば孤立してしまう。龍泉洞《りゅうせんどう》という鍾乳洞が有名で、わたしも若いころ、バイクのツーリングで訪れたことがある。務台は、なんと、被災地を視察した際、現地の関係者にオンブされて、水溜りを渡してもらったのだ。その映像が全国に流れたからたまらない。轟々《ごうごう》たる非難の声が湧《わ》き起こった。長靴を用意しなかったからという言い訳なのだが、災害で大混乱に陥っている現地の窮状《きゅうじょう》を無視した、不遜《ふそん》な行動である。普通の神経なら、革靴のまま泥の中を歩くはずだ。ここが、エリート官僚の奢りなのだろう。「不適切だったと猛省している」と述べているが、取り繕《つくろ》いようがない。また、長靴を持参しなかったことについても、「おおいに反省している」と述べたが、すでに遅すぎた。

さらに悪いことに、務台は、半年後の政治資金パーティで、とんでもない舌禍を巻き起こす。こう言ってしまった。

「『長靴事件』があったものですから、その後、政府のほうで各省が持つ長靴がえらい整備されたと聞いている。たぶん、長靴業界はこれでだいぶ儲かったのではないか。今日は、このパーティには、長靴業界の人は呼んでいませんが」

これまたジョークのつもりだったのだろうが、この立場の人が言うと、ジョークでなくなる。不謹慎だという非難の声が起こった。菅義偉《すがよしひで》官房長官からも、不適切だと叱責された。

シャルル・ペローの童話『長靴をはいた猫』（Le Chat botté）は、世代を越えて読み継がれている名作だが、『長靴をはかない政務官』では、締まらないこと、おびただしい。ここは、ひとつ、『長靴をはいた猫』を見習ってみたらどうだろうか。

未舗装路や泥濘《ぬかるみ》が多いそうだから、長靴をはいて北方四島を訪れ、住民に対して、「ここは安倍総理が統治する日本の領地だ」と触れて回る。そして、住民には、日本の領地に戻れば、日本本土並みの手厚い福祉と高い収入が得られると、説いてみると良い。石油、石炭、天然ガス、鉄鉱石から、金銀、ダイヤモンドまで産出し、日本の50倍近い国土を持つロシアが、今や韓国なみのGDPしか稼ぎだせないほど、凋落《ちょうらく》の一途を辿っている。住民は、きっと心を動かすだろう。もしかしたら、北方領土を住民付きで、返してくれるかもしれない。そうすれば、務台俊介も、人気を回復できるにちがいない。

第一次安倍内閣を潰した絆創膏お坊ちゃま　赤城徳彦

赤城家は、江戸時代から代々ずっと庄屋を勤めてきた、現在の茨城県築西市の素封家《そほうか》である。赤城徳彦《あかぎのりひこ》は、この名家に生まれた。学芸大付属高校から東大法学部へ進んだから、いわゆる秀才である。農水省に入省、その後はエリート街道をまっしぐらに進むのだが、祖父宗徳《むねのり》の地盤を継ぐため退官し、茨城3区から立候補し、みごと当選してから6回も連続当選する。

1994年の総理指名選挙では、なんと社会党の村山富市《むらやまとみいち》を、自民党が担ぐというネジレ状態になったため、これを潔《いさぎよ》しとしない赤城は、野田聖子《のだせいこ》らとともに、党議拘束に逆らい、派閥の先輩でもある海部俊樹《かいふとしき》の支持にまわった。このあたり、お坊ちゃま育ちだからこその正義感にあふれた行動だった。

実際、自民党と社会党の野合《やごう》などと、さんざん叩かれた内閣で、しかも、阪神大震災への村山総理の対応のまずさなどが目立ち、サミットでは存在感も薄く、やがて瓦解《がかい》する。一方、反対派の領袖《りょうしゅう》である海部は、新党を立ち上げることになるのだが、赤城はこれには加わらず、自民党に留まる。政治家としてのバランス感覚も備わっているらしい。

当選6回ともなると、大臣の順番待ちのリストには、当然のごとく入ってくる。

2007年、第一次安倍内閣で、不祥事から自殺した松岡利勝《まつおかとしかつ》の後を承けて、農水相に就任する。そこまでは確かに順調なのだが、安倍総理の体調不良と相まって、いくつかのスキャンダルが噴出する。政界でいうところの身体検査が、不十分だったせいだろう。

まず、総理の諮問機関の座長である本間正明《ほんままさあき》（当時大阪大学教授、政府税制調査会会長）が、妻名義の公務員宿舎に、愛人と同棲していた事実が発覚する。翌月には、文部科学大臣の伊吹文明《いぶきぶんめい》が、事務所経費の不正を摘発される。さらに、大問題になったのが、厚生労働大臣の柳澤伯夫《やなぎさわはくお》の発言である。なんとも馬鹿な口をきいてしまったものだ。いわく。

「15～50歳の女性の数は決まっている。生む機械、装置の数は決まっているのだから、あとは一人頭でがんばってもらうしかない」

言うにことかいて、女性を生む機械と言ってしまったのだから、女性蔑視《べっし》と取られても仕方がない。言わんとすることは判らないでもないが、もっと、別な言い方がありそうなものだ。これまた東大卒の秀才は、そこまで頭が回らない。この暴言には、全国の女性が、怒り心頭に発した。ちょっと常識では考えられない非常識な発言だろう。野党は、鬼の首でも取ったかのように、審議拒否に踏み切る。しばらくは、マスコミでも、最大のトピックになっていた。柳澤は、辞任に追い込まれる。

次が、この赤城の出番になる。最初に発覚したのが、事務所経費が不明瞭だという件である。どういうわけか、事務所の経費が、多い時は1千万円を越えているのに、少ない時は10万円台というふうに、極端にばらついていることが問題となった。ついで、実体のない父の自宅が、事務所として届けられていたことも明らかになった。このことを問題視されると、赤城の母親は、事務所として使ったことはないと、あっさり認めてしまった。このあたり、お坊ちゃま育ちなので、老獪《ろうかい》さに欠けるからだろう。

事務所関係者、親族、秘書などと口裏を合わせるなど、作為を働かせるほど気が回らなかったらしい。事務所、秘書などに、人を得なかったせいもあるようだ。本人は、無頓《むとん》着《じゃく》で、気にしていなかったらしいが、他にも、収支報告書の未記載あるいは二重計上、農水省の監督下にある団体からの献金など、杜撰《ずさん》な事案が、次々と出てくる。

野党は罷免《ひめん》を要求するが、安倍総理は最初のうちは、かばっていた。それぞれの事案に問題はあるものの、致命傷にはなるまいと判断したようである。しかし、事態が決定的になったのは、公務で外遊して帰国した直後の記者会見だった。なんと、大きなガーゼと絆《ばん》創膏《そうこう》を貼った顔で登場したのである。そのことを質問されると、なんでもないと否定するだけで、はっきり答えなかったため、あれこれ揣摩《しま》臆測《おくそく》を呼ぶことになってしまった。本人が答えないので、殴られたせいで隠しているといった解釈が流され、一種のミステリー的な興味を引くことになった。のちに、実際に毛嚢炎《もうのうえん》を患《わずら》っていたためと判明するのだが、なぜ隠したのか判らない。

さらに、絆創膏姿でふてくされたような対応をしたことが、テレビ視聴者の印象を決定的に悪くした。第一次安倍内閣の不祥事の総仕上げのように作用し、次の参議院選挙で与党は大敗する。赤城の一件が、決定打になったと分析した人もいる。続く福田康夫《ふくだやすお》、麻生太郎《あそうたろう》などを首班とする内閣も一年ばかりの短命に終わり、やがて悪夢の民主党政権への道を開く遠因となる。

しばしば、政治家が小粒になったと言われる。まさに、この赤城徳彦は、その典型だろう。祖父宗徳もやはり政治家で、農林相（当時）を経験しているが、単なる政治家ではなく、故郷の茨城県の風雲児・平将門《たいらのまさかど》の研究者としても、一流の教養人だった。

『将門記《しょうもんき》』という将門に従っていた僧侶が著《あらわ》したと見られる文献が、今に伝えられている。平将門は、桓武天皇五世の子孫で、平姓を与えられ臣籍《しんせき》に降下しているものの、新皇《しんのう》というお告げを受けて、関東地方で蜂起した武将である。つまり、世が世なら自分が天皇だったと宣言したに等しい。いわゆる承平《じょうへい》・天慶《てんぎょう》の乱で、西の藤原純友《ふじわらのすみとも》と呼応したとされるが、やや時代がずれている。実際、将門、純友の二人の梟雄《きょうゆう》が、出会ったことはないらしい。

10世紀は、中国の唐王朝、朝鮮の新羅《しらぎ》、満洲の渤海《ぼっかい》などが滅亡した東アジア大動乱の時代で、その余波が日本にも及んだせいだと考えられる。わたしも、赤城宗徳が校注をほどこした文献（平凡社東洋文庫刊）を参考に読んだことがあるが、その教養の幅広さには驚かされた。

赤城徳彦は、将門はもとより、偉大な祖父の資質には、ほど遠かったということだろう。

核大国ロシアと戦争？　日本人全滅覚悟？　丸山穂高

　大きな話題となった戦争発言で、勇名を馳《は》せた丸山穂高《まるやまほだか》衆議院議員は、大阪19区の選出である。東大経済学部を卒業したのち、経産省に入省した。大臣官房、原子力安全・保安院（当時）などを経て、わずか3年で退官し、松下政経塾で3年ほど学んだ後、政界へ討って出る。政界への希望は、中学生くらいから芽生えていたらしい。全国でも最年少の28歳の当選者の一人で、維新の党から公認を受けている。小さな離合集散があったものの、橋《はし》下徹《もととおる》の信頼を受け、維新の本流を歩み続け、次の選挙にも勝利し、福井維新の会の代表となる。

　ここまでは、順風満帆《じゅんぷうまんぱん》の政治キャリアである。剣道二段、文武両道の好青年のイメージで、おおいに人気を博していた。しかし、例の戦争発言が出る4年前、その前兆となる事件を起こしている。なんと蒲田《かまた》駅前で泥酔《でいすい》したうえ、数人の男ともみ合いになり、双方とも怪我をしたという。幸いというべきか、和解の運びとなり、事件にはならなかったが、丸山は禁酒を誓い、また飲酒した場合は、議員辞職するとまで明言したという。

　この男の唯一の弱点が、こうした酒乱に近い性癖らしい。マスコミを色めきだたせた戦争発言は、２０１９年5月、国後《くなしり》島古釜布《ふるかまっぷ》で発せられた。いわゆる「ビザなし交流」の訪問団に同行した際、泥酔状態で訪問団の団長と記者の対話に割って入り、言わずもがなのことを言ってしまったのだ。曰く。

「戦争でこの島を取り返すのに賛成ですか、反対ですか？」

問われた団長も困り果て、「戦争はすべきではない」とだけ答えた。すると、丸山議員は、さらにからんできて、こう言ったという。

「戦争をしないと、どうしようもなくはないですか」

　ワイドショーによれば、さらに続きがあって、丸山は女のいるところで呑みなおしたいと、だだをこねて出かけようとし、周囲に止められたともいう。それにしても、国会議員たる者、程度が低すぎる。のちに言論の自由などと開き直るのだが、それ以前の問題で、単に知性に欠ける馬鹿というだけだろう。

　ロシアは、旧ソ連時代には、アメリカと世界の覇権を二分する超大国だった。アメリカに遅れること僅か四年で核兵器を完成させ、米ソ冷戦時代に突入し、軍備増強に狂奔《きょうほん》した。現在は衰えたとは言え、日本人を皆殺しにできる巨大な核戦力を保持したままだ。そのロシアに対して、どこをどう押せば、戦争などという発想が出てくるのか、常識では考えられない。小学生なみの知性なのだろう。

わたしの世代は、あやうくアメリカに鏖《みなごろ》殺しにされかけた記憶がある。鳩山前総理にしても、軽々しく反米をもてあそんだりするが、相手が日本人を全滅させるだけの軍事力を持っていることを忘れている。ロシアも同様である。将来、かれらが、日本と敵対する事態に至れば、核兵器の使用も躊躇《ちゅうちょ》しないだろう。世界は、未だに力の論理で動いているのだ。

もし、ロシアに拮抗《きっこう》する軍備を備えたうえで、その威力を背景として交渉しないかぎり北方領土は還らない、というのであれば、賛否はともかく、理屈には合っているだろうが、いきなり唐突に戦争とは、あきれかえるばかりだ。

旧ソ連が、日本との中立条約に違反して、大戦末期に参戦したことは、よく知られている。さらに、ソ連は、樺太および北方四島に対しては、日本がポツダム宣言を受諾《じゅだく》して武装解除に取り掛かった後、いきなり卑劣にも攻撃をしかけてきたのだ。

当時、ソ連の極東方面軍総司令官ワシリエフスキー中将は、スターリン書記長に対して、北海道侵攻を進言している。スターリンの命を受けたアントーノフ作戦部長は、「北海道および南クリル諸島（北方四島）への上陸作戦の準備」を発令した。北千島の占守島《しゅむしゅとう》では、日本軍が降伏し、武装解除にとりかかった8月18日に、ソ連軍が攻撃を開始した。つまり、降伏を無視して、皆殺しにしようと図ったのである。日本軍は、やむなく自衛のため交戦する。すでに降伏しているのだから、敵が何者か、まだ判らなかったというが、必死で応戦した結果、これによってソ連軍は、膨大な犠牲を出す。のちに、まったく無益な作戦だったとソ連指導部も認めている。産経新聞によれば、自衛のため、戦闘を命じた樋口季一郎《ひぐちきいちろう》中将は、ユダヤ難民を救うなど、人道的な行為で知られるようになったが、結果的には、ソ連軍の北海道侵攻を断念させる結果をもたらしたことになる。小さな占守島でさえ、膨大な犠牲を出してしまった。北海道を攻略するとなると、遥かに多くの犠牲を出すことを、ソ連側も思い知らされたかたちである。

結局、スターリンは、北海道侵攻は許可しなかった。人道的な理由ではない。ソ連も、独ソ戦で疲弊《ひへい》していたから、さらなる戦端を開く余裕もなく、日本軍の抵抗も予想され、アメリカの動静も気になる。北海道へ侵攻すれば、米軍との衝突も想定されたからだ。

わたしは、北海道占領が実現し、さらにソ連軍の応援を得た北海道軍が、東北地方を奪取し、おおよそ信濃川と利根川を分界線として、日本が南北に分断されるパラレルワールドSFを書いたことがある。北には仙台を首都とする日本民主主義人民共和国が成立し、南には東京を首都とする大和《だいわ》民国が存在する。『日本分断（全三巻　有楽出版社）』である。逆に朝鮮は、分断を免《まぬが》れている。つまり、日本と朝鮮の状況が正反対になっているパラレルワールドなのだ。

これは、あくまでSF小説だが、実際に日本が分断される可能性も存在したことになる。丸山戦争発言は、おおいに物議を醸《かも》し、国際問題にまでなってしまった。ロシアが、すぐさま反応した。ロシア上院の国際関係の責任者のコサチョフは、日ロ知事会議において、日本人記者団に対して、このことを問題視すると告げた。

政府も無視できず、菅官房長官の談話として、日本政府の立場と異なるとして、遺憾《いかん》の意を表明した。また、維新の党の幹部が、在京ロシア大使館にお詫び行脚《あんぎゃ》にでかけるというおまけまでついた。ついに丸山議員は、党に対して辞表提出に追い込まれたものの、維新は、一線を越えた発言だとして、辞表を受理することなく、除名処分とした。また、国会が譴責《けんせき》決議を行なったものの、当人は、逆に言論の府の不祥事だと決めつけ、意気軒昂《いきけんこう》だったというから、ナントカに付ける薬はないという、昔の譬えどおりだろう。

丸山は、議員辞職だけはぜったいにしないと、抵抗している。捨てる神あらば、拾う神あり、という。ＮＨＫから国民を守る党の立花孝志《たちばなたかし》に拾われる結果になった。だが、次の選挙では、当選はおぼつかないだろう。

日本は、酒飲みに甘い社会だと言われるが、やはり節度が必要だろう。酔っぱらい運転と、酔っぱらい発言は、厳禁にしないといけない。

テドロスＷＨＯ事務局長のドッペルゲンガーか　大村秀章

世の中には、自分と似た人間が三人いるという。テレビでは、『水戸黄門』など、登場人物そっくりの別人が登場することが少なくない。レギュラータレントが、一人二役を演じるから似ているのも当然だが、しかし、周囲の人間が見ても見間違うほど似ているというケースは、現実には、まずありえない。

ドッペルゲンガー（Doppelgänger）という現象がある。元はドイツ語だが、英語で言えば、ダブルウォーカー（double walker）に相当する。本来は心理学用語だが、超常現象としても扱われる。自分とそっくりの人物が現れることであり、自己幻視などとも訳されるが、オカルト的な興味もあり、われわれSF作家の飯の種にされることもある。俗説では、自分のドッペルゲンガーと出会うと、死ぬと言われる。

最近、ネットでも話題になったが、愛知県知事の大村秀章《おおむらひであき》と、WHO（世界保健機関）の事務局長テドロスとが、まるでドッペルゲンガーのように顔面相似形なのだ。片や韓国への忖度《そんたく》、片や中国への忖度で、やっていることも似ていなくもない。

改めて話題を提供することになった大村秀章とは、いったいどのような人物なのだろうか？

大村は、愛知県碧南《へきなん》市の生まれで、父親は大工、母親は農業という、ごく不通の家庭で育った。そこから努力して東大法学部を卒業し、農水官僚の出世コースを歩んだ。徳島市に出向したこともある。食糧庁の課長補佐のとき、旧愛知5区の自民党候補として、白羽の矢を立てられ、衆議院選に臨んだ。これには、家族の大反対があったそうである。選挙区では敗れたものの、比例で初当選を果し、順風満帆の政治家人生を進み始める。

ただ、党の方針に唯々諾々《いいだくだく》と従う人ではないようで、一応は橋本龍太郎《はしもとりゅうたろう》派ということになっていたが、同派の候補を支持しなかったりして、除名など処分が噂されたこともある。総裁選では、小泉純一郎を支持し、その論功行賞《ろんこうこうしょう》か、経産政務官のポストを手に入れている。やがて、厚労副大臣なども務めるが、愛知県知事選に出馬する。

ここでも、ひと悶着《もんちゃく》。当時民主党に在籍した名古屋市長の河村たかしに推《お》されたという。そのころ、自民党の愛知県連は、別の候補を推していたというから、除名という重い処分を決定した。こうした経緯を見るだけで、大村が周囲の情勢を忖度しない横柄な自信家だと判る。自民党への辞表は除名ということで受理されなかったが、衆議院議長あての辞表が受理され、出馬が決定する。知事選は史上2番目という大勝利に終わる。

大村の勝利に慌てた県連は、大村の穴を埋める補選で関係修復を図ろうとするが、大村は、一顧《いっこ》もせずに他党の女性候補を支援する始末だった。大衆人気はあるものの、唯我独尊《ゆいがどくそん》で周囲とのバランス感覚には乏しい人らしい。のちに名古屋市長の河村たかしとも袂《たもと》を分かっている。こうして、知事三選を果たし、安泰かと見えた矢先、2019年に、ある問題が発生する。ここでは、大村の傍若無人《ぼうじゃくぶじん》な性格が、裏目に出たかたちである。

全国区のマスコミでも大々的に取り上げられることになる『あいちトリエンナーレ』問題である。この催しは、愛知県が後援する実行委員会によって、2010年から始まり、新進気鋭の芸術家に発表の機会を与える目的で、3年ごとに開催されることになり、2019年で4回目にあたる。もともと、ヴェネチアやパリなどで、2年ごとに開催されているビエンナーレにならった行事である。

問題の4回目の準備は、その2年ほどまえに、朝日新聞が推薦する津田大介《つだだいすけ》が芸術監督として承認され、進められることになった。ところが、企画展示のなかに、「表現の不自由展・その後」と題するものがあり、「平和の少女像」なる作品（?）が展示されたばかりでなく、さらに天皇陛下を侮辱《ぶじょく》するような作品（?）も含まれていることが判明した。多くの抗議を受けて、展示が中止されたことから、問題が大きくなった。

「平和の少女像」とは、一般に従軍慰安婦の像として知られる彫刻である。この従軍慰安婦なる存在は、いわば疑似イベントの産物で、正確な事実ではない。それどころか、いわば捏造《ねつぞう》に等しいものである。あちこちで解説されているし、わたし自身も、コリアウォッチャーの一人として、何度も書いたり喋ったりしていることだから、要点だけ説明しておこう。

旧日本軍を相手にする売春婦が、慰安婦と呼ばれていた。あまり褒《ほ》められたことではないが、若い兵士を相手に、商売になると見て、売春業者がそういった店を、基地の近くなどに設けたのである。ただ、こうした女たちは、業者に抱えられていたわけで、日本軍は関与していないから、従軍記者、従軍看護婦のように、制度化されているわけではない。つまり、従軍という言葉を冠《かん》するのは間違いである。ただ、業者から委託を受けて、軍医が診察に当たるケースはあったという。兵士が性病に罹《かか》っては戦えないから、軍も不承《ふしょう》不承《ぶしょう》ながら承諾したのだろう。

初めにカミングアウトした金学順《キムハクスン》のケースでは、母親の再婚相手の朝鮮人によって、釜山《プサン》の置屋《おきや》に売られ売春をさせられたというから、気の毒な話である。その後、彼女の意思で軍隊相手の慰安所に勤めるようになった。そのほうが稼げるからだ。しかし、のちのち朝日新聞などの報道では、朝鮮人の義父に売られた件は伝えられなくなってしまい、日本軍の悪行ばかりが、誇大に報道されるようになる。

慰安所は、必ずしも内地系日本人が経営していたわけではない。日韓は併合状態にあったわけだから、朝鮮では朝鮮系日本人が経営する店も少なくなかった。また、慰安婦の多くは、内地系日本人で、逆に朝鮮系日本人のほうが少なかった。当時は、内地も朝鮮も貧しかった。東北地方の冷害で、娘が身売りして娼婦になった例も少なくない。しかし、内地でも朝鮮でも、これらの女性たちは、一般女性と比べても、よい稼ぎをしていたそうである。のちに歪められて伝えられるような性奴隷《セックススレイブ》とは、ほど遠い待遇だったのだ。

ことが、疑似イベント化してくるのは、1991年の朝日新聞の報道からである。植村《うえむら》隆《たかし》記者は、日本軍が挺身隊《ていしんたい》という名で、慰安婦を強制連行したとする報道を行なった。また、これと呼応するかのように、吉田清治《よしだせいじ》なる人物が、済州島《チェジュド》において、若い女性を駆り集めて慰安婦にしたたと、売名のためか嘘の証言をして話題になったが、これに関しては現地の済州新聞《チェジュシンムン》も否定している。

植村記者の誤報（捏造?）は、大きな反響を呼んだ。事実なら、旧軍の汚点となる大事件である。しかし、意図的か無知か、植村記者は、慰安婦と挺身隊を混同している。学徒挺身隊とは、大戦末期、労働力が不足した日本で、中学生、女学生まで動員して働かせた制度である。まったく、売春とは関係ない。わたし自身、年齢の離れた姉が、自転車に乗って、学徒挺身隊として、近くの中島飛行機の工場へ通っていたのを覚えている。この姉は、今も91歳で存命だが、ことは姉の名誉とも関わってくる。

結局、朝日新聞も、誤報だと認めるに至ったのだが、その後の態度が潔《いさぎよ》くない。本来、ネタ元の朝日新聞が、国際的に貶められた日本の名誉を回復する努力をしなければならないはずだが、当時は慰安婦に関する知見が乏しかったなどと、ためにする弁解に終始して、責任を取ろうとしない。植村記者は、わたしより下の世代だから、仮に知らなかったため混同したとしても、子供時代に戦争体験のある上司の世代が、学徒挺身隊のことを知らないはずはない。

韓国では、つい最近まで挺身隊問題対策協議会《チョンシンデムンジェテチェクヒョブィフェ》と呼んでいた。韓国は漢字を廃止しているから、こんな長たらしい名称をハングルだけで読まされるのはきつい。そこで略して挺対協《チョンテヒョプ》と呼んでいる。しかし、朝日新聞も認めたように、慰安婦と挺身隊は、なんの関係もない。語るに落ちるとは、このことだろう。さすがに、このことを指摘されて、団体名を変えたというが、性奴隷《ソンノイエ》ナントカ、正義《チョンウィ》ナントカという呼び名に改称した。性奴隷も、これまた捏造の産物であり、事実とはほど遠い。

植村記者は、さすがに朝日新聞を退職するが、大学教授など要職を経たのち、なんと櫻井《さくらい》よしこ氏を提訴する。植村を批判したことが、名誉棄損にあたるという。しかも、百人からの巨大な弁護団がついているという。まさにファシズム。ファッショとは、もともと束になるという意味だから、恐ろしい話だ。金と権力があれば、司法すら左右できると考えているのかもしれない。

このような曰《いわ》くつきの少女像を、愛知県の公費で展示しようという。明らかにおかしい。

政治的なプロパガンダなのだろう。伝え聞くところでは、ソウル郊外の町工場で量産されているというから、芸術作品とは程遠いしろものである。しかも、悪意ある反日プロパガンダのため、アメリカですら増殖しているというから始末に負えない。これに対して、ネットを初め、多くの批判が殺到した。すると、大村知事は、表現の自由を盾に、この展示を支持してしまったのである。これには、かつての盟友の河村名古屋市長も、抗議を発した。

主催者側が主張した「表現の不自由」とは、展示を予定されていた慰安婦像の写真が、予定した会場から拒否されたことをもって、そう称したものだという。しかし、芸術作品というものは、その価値を判断するのは、本人ではない。例えば、私の所属する小説の世界の例をあげよう。アマチュア作家が、拙劣《せつれつ》な作品を出版社に持ち込んだとする。当然、出版は拒否される。これが、表現の自由の侵害になるだろうか。出版に値しないと判断する権利は、出版社側にある。当然の話である。

この慰安婦像なるものも、反日イデオロギーの産物で、芸術として展示するに値しない作品（?）だから、問題になったのである。表現の自由とは関係ない。また、天皇陛下を侮辱した作品も、論外だろう。単にセンセーショナルな話題づくりを狙った際物《きわもの》でしかない。

なぜ、大村は、こんなものを擁護してしまったのだろうか。芸術に対する鑑賞眼が欠如していたことは確かだろうが、その反骨ともいえる資質が、暴走したためではないだろうか。もともと、大村は、保守的な政治スタンスの持ち主である。日米関係重視、改憲など、保守本流とも言うべき政治姿勢である。しかしながら、自民党県連、自民党本部とも対立したあげく、「東海大志塾」なるものを結成し、塾長に収まったこともある。夜郎自大《やろうじだい》な性格なのだろう。

二期目の知事選では、さすがの自民党も大村人気を無視できなくなり、民主、公明などほとんどの政党と相乗りで推薦し、大勝利をもたらす。2017年の総選挙では、当時「希望の党」を率いていた小池百合子《こいけゆりこ》東京都知事、「維新の党」の松井一郎《まついいちろう》大阪府知事（当時）と語らい、「三都物語」と称して連携を表明するものの、やがて足並みが乱れて瓦解してしまった。いずれもひと癖《くせ》ある面々だから、大村が主導権を握ろうとしても果たせなかったのだろう。

大村が、芸術に造詣《ぞうけい》深いとも思われない。また、韓国に関して、充分な知識があったとも思われない。自分が提起したトリエンナーレの展示が、多くの批判にさらされたため、面子《メンツ》をつぶされたと受け止め、つい意固地《いこじ》になってしまったのだろう。ところが、結果的には、表現の自由に名を借りた反日プロパガンダに手を貸すことになってしまった。

韓国人の国民性、反日の淵源《えんげん》など、大方の日本人は理解していない。大村も同様だろう。相手の言い分を忖度すれば理解が進み、状況が好転すると、日本人は考えがちだが、これが大間違い。日本人は、映画「フーテンの寅さん」の決め台詞「それを言っちゃあ、おしめえよ」が大好きだが、韓国人は「それを言わなきゃ、おしめえよ」という生き方である。日本人は、事を荒立てるのを嫌うが、韓国では、いったん事を荒立てないと、なにも解決しないのだ。相手の気持、立場を忖度すればするほど、相手は、そこが泣き所と見て、ますます居丈高《いたけだか》になるだけだ。宣伝めくが、詳しくは、韓国に関する拙著を読んでもらうしかない。

自分が手掛けた事業を、軽い気持ちで擁護するつもりだったのだろうが、招いた結果は重大である。韓国の意図的な反日へイトスピーチに手を貸すことになってしまったから、日本中から非難が寄せられた。東大馬鹿の限界を露呈したことになる。次の知事選では、大勝利というわけにも行くまい。

ここで、ニュースが飛び込んできた。高須クリニックの高須克弥《たかすかつや》院長が、大村知事を罷免する署名運動を展開するのだという。はたして成立するのかどうか、判らないながら、大阪府の吉村洋文《よしむらひろふみ》知事なども、支持を表明している。ある程度の盛り上がりは、期待できよう。

大村知事も、ここは、ひとつ、世界中から非難されているWHOのテドロス事務局長と、ドッペルゲンガーのよしみで、手を取り合って、慰《なぐさ》めあってみたらどうだろうか。おっと、このコロナ禍の最中、手を取り合うのは、やっぱりまずいだろうな。

第二章

日本を駄目にした東大卒の識者たち

本章では物故者も含めて、戦後の東大馬鹿どもの実例をもっと挙げてみたい。やや古くなることは承知で、戦後日本をねじ枉《ま》げる努力を惜しまなかったような人物を、もっぱら取り上げてみる。こうした馬鹿どもの言うとおりにしていたら、今頃は日本が崩壊してしまっていたであろうことは、歴史が証明するところだ。

お笑いだった進歩的文化人、日本論壇のボス(?)　菊地昌典

中越戦争が起こった1979年、当時、左翼知識人として権勢《けんせい》を誇っていた菊地昌典《きくちまさのり》東大教授が、解説を担当したNHK特集番組を見た。これは、下手なお笑いより、はるかに面白く笑えた。ゲラゲラ笑った記憶がある。菊地は学者だから、丸暗記したマルクス主義的な知識には、こと欠かない。社会主義国は、資本主義国と違って市場の拡大を求めないから、市場を争って戦争をすることはないと力説し、同じ社会主義国の中国とベトナムが、戦争をするなどという事態はあってはならないとまで言う。

現に中越が戦争しているのに、あってはならないと言ってみても、仕方がない。説明すればするほど、現実と乖離《かいり》してくる。本人が大真面目なだけに、余計おかしい。笑っているばかりでなく、なんという頭の悪い人だろうと感心させられもした。もし、存命なら、現在の米中貿易戦争を見れば、即座に気絶するところだろう。中国の貿易依存度は、日本より遥かに高いのだ。社会主義国のはずの中国が市場の拡大に狂奔《きょうほん》している。

日本論壇を支配していたとまで、持ち上げられた菊地昌典とは、どういう人物だったのだろうか。東京大学卒のエリートとしては、やや異色の経歴である。東大卒のエリートの多くが、文科Ｉ類から法学部、経済学部へ進むというコースを辿るが、菊地は、旧制の都立第九中学から、宇都宮高等農林学校を経て、東大農学部で獣医畜産を専攻し、農学博士となった。この点、東大卒の通常のエリートコースではないものの、農政に特化したキャリアから、他の追随《ついずい》を許さない権威を確立したのである。

マルクス主義全盛の戦後論壇にあって、旧ソ連のコルホーズ、ソフホーズなど集団営農方式が、おおいに称賛されていた。コルホーズは農業ばかりでなく、漁業、林業などでも行なわれていた半官半民の集団組織で、国営だけのソフホーズとは別である。マルクス主義者のなかに、農政の専門家が乏しかったことから、菊地は、論壇において枢要《すうよう》の地位を築くことができたのである。したがって、菊地は、ソ連の農政研究者としておおいに重用され、早くからスターリニストとして知られていたが、やがてトロッキーにも傾倒するようになる。

折からの中ソ対立では、根っからのマルクス主義者としては当惑したようである。実際、19世紀にカール・マルクスが唱えた思想は、百年を経て崩壊しかけていた。資本家・労働者という単純な二分法（dichotomy《ダイコトミー》）が、そもそも破綻《はたん》している。現代のサラリーマンは、自社株をはじめ、多くの株式、ファンドなどを所有しているから、資本家でもある。労働者が資本家でもあるという、マルクスが想像だにしなかった事態が一般化している。共産主義の行き詰まりは、当時から意識されていた。

旧ソ連が、利潤導入方式を採用したとき、中国は修正主義だとして、これを猛烈に非難。しかし、その中国も、反対したはずの修正主義の方向へ向かわざるを得なくなる。毛沢東は、ソ連のコルホーズ方式にならって、人民公社制度を全国に広めた。しかし、人民公社を農業に限らない生産単位としたことで、破綻への道が生じてきた。いわゆる土法炉《どほうろ》という溶鉱炉を用いた製鉄を命じたのである。農具などに使う鉄を、それぞれの人民公社ごとに賄うという趣旨だが、石炭を産出しない土地では、周囲の山々の木々を伐採して、むりやり製鉄を行なうことになる。また、どこの人民公社でも、鉄鉱石を産出するとはかぎらないから、砂鉄に依存するしかないが、砂鉄を集めるだけでも、膨大な労力を要する。

内モンゴル自治区で、大青山《ターチンシャン》という名前とは正反対の、はげ山を観たことがあるが、製鉄のため緑が失われてしまったのだという。日本の弥生時代さながらのたたら製鉄を、人民公社ごとに行なわせるというのだから、どうしても無理が出る。品質上も問題で、艦艇に使用したところ、たちまち海水で腐食して沈没するケースもあったという。重厚長大は高度成長時代のスローガンで、いまや流行《はや》らないらしいが、やはり製鉄のような産業は、ある程度のスケールメリットがないと成立しにくいのだろう。

また、人民公社の制度疲労もすでに問題化しはじめていた。集団方式であるため、働いても働かなくても待遇は同じになるから、生産性は向上しない。誰しも、なにかのインセンティブがないと、他人より働かないものだ。毛沢東の大躍進《だいやくしん》政策が破綻し、数千万人の餓死者が出た事態は、その後も回復しなかった。そこで、趙紫陽《ちょうしよう》、胡耀邦《こようほう》など指導部は、人民公社の下の組織である生産大隊ごとに、自留地《じりゅうち》を認める政策を推進する。共産主義だから、土地など生産手段の私有は認められないが、土地の一部を生産大隊のメンバーが、個人的に耕作して得た作物を販売して良いと決めたのである。自留地制度が定着して、中国も、いよいよ修正主義に舵を切るのだが、改革派の趙紫陽、胡耀邦の二人は、やがて天安門事件の処理をめぐって、鄧小平《とうしょうへい》、李鵬《りほう》一派に敗れ、失脚する。

菊地は、もともとソ連の農政の専門家だが、中国に関しても、おおいに発言している。その立場は、暗記したマルクス主義そのままで、毛沢東の大躍進政策、文化大革命など、文句なしに称賛する立場だった。

ユン・チアン、J・ハリデイ著『マオ　誰も知らなかった毛沢東』（講談社）を読んだことがあるが、大躍進政策は、その名とは裏腹の失政であり、数千万人の餓死者を出す結果に終わる。また、文化大革命も、毛沢東による権力奪還の最後の闘争で、紅衛兵《こうえいへい》といわれる若者たちを扇動したものだが、単なる文化破壊でしかなかった。この本で、とくに記憶に残っているエピソードがある。毛沢東は、晩年、周恩来《しゅうおんらい》首相に、癌の手術を行なわせなかった。生涯ナンバーツーで通した周恩来を、毛は、自分より長生きさせたくなかったのだという。冷酷非情な独裁者の逸話である。

菊地が解説した中越戦争に話を戻そう。菊地の解説は、社会主義国同士が戦争をするなんてと慨嘆するばかりで、いっこうに真相に迫らなかったが、背景として当時の中ソ対立という国際情勢があった。そもそも中ソ対立期の1969年、アムール川（中国名黒竜《こくりゅう》江《こう》）支流の中洲ダマンスキー島（中国名珍宝島《ちんぽうとう》）で、両国は戦火を交えたことがあり、社会主義国同士が戦争をしないなどという妄言が通用しないことは、菊地にも判っていなければならないはずだった。故意か無知か、こうした事実には目をつぶってしまった。

だから、中越戦争に関しても正しく認識できなかったのだ。中越戦争は、ベトナム戦争の終結四年後に発生した。中国は、アメリカと戦うベトナム政府を援助した。戦火は、べトナムだけでなく、インドシナ三国に及んでいた。隣国カンボジアでは、親米派ロン・ノル政権が倒れ、過激なクメールルージュ（赤いクメール）のポルポト政権が誕生し、大虐殺を展開した。ポルポトは、極端な農本主義をとり、知識人、文化人などを殺戮《さつりく》しまくった。中国は、この悪名高いポルポト政権を支持したのである。ベトナムは、同じクメールルージュながら、ポルポトと袂《たもと》を分かって亡命してきたヘン・サムリンを助け、カンボジアに侵攻してポルポト一派を追放し、ヘン・サムリン政権を樹立させる。

中国は、これに怒った。戦後のベトナムは親ソ路線をとり、かつてアメリカ軍が基地としたカムラン湾には、ソ連艦隊が寄港する状態だった。中国にとっては、ベトナムの裏切り行為と見えた。そこで、ベトナムを懲《こ》らしめるため、武力に訴えたのである。戦前、日中戦争におけるスローガンに、暴支膺懲《ぼうしようちょう》というものがあった。横暴な支那《しな》を懲らしめるという理由で出兵したのだが、その支那（中国）が、ベトナムに対して、かつての日本と同じ理由を設けているのは、歴史の皮肉だろう。

30万の中国軍が、ベトナムの三か所の拠点めがけて侵入し、たやすく占領した。しかし、これは、戦い慣れたベトナム軍の縦深陣地戦《じゅうしんじんちせん》という作戦だった。敵を自国領土に誘いこみ、地の利を得て反撃するのは、兵法の常道である。日本では、延暦8年（西暦789年）、蝦夷《えみし》の大首長アテルイが、紀古佐美《きのこさみ》率いる5万という大和朝廷軍の先遣《せんけん》隊を、領土の奥深くに誘いこみ、大打撃を与えている。北上川で溺死《できし》したものも含めて千三百という戦死者がでたということは、当時としてはまさに完敗である。ナポレオンもヒトラーも、同じような経緯で敗れ去っている。

中国軍の装備は、かつての中ソ蜜月時代に供与された旧式兵器ばかりである。対するベトナム軍は、ソ連の援助を受けているばかりでなく、4年前に終結した戦争で、アメリカ軍が残していったサイゴン政府の最新の戦車、火砲などを装備している。ベトナム軍が反撃を開始すると、中国軍は支えきれなくなり膨大な損害を出したうえ、とうとう撤退に追い込まれた。

双方とも、大本営発表のように戦果を誇大に公表しているので、正確なところは判らないのだが、多くの軍事専門家が、中国の完敗だと分析している。ただ、中国側は、三つの拠点を占領したことをもって、所期の目的を達成したと主張している。暴越膺懲《ぼうえつようちょう》を果たしたという名分が立ったわけだろう。

菊地昌典の訳のわからない解説では、中越戦争の経緯は、さっぱり理解できないままだった。なんでもマルクス主義という物差しでしか、測ろうとしないから、その物差しで測れない事象では、馬鹿を露呈することになる。

こうした体制を無批判に称賛した菊地など、いわゆる進歩的文化人の責任は大きいが、どこかの国と違って、この国の人は、執念深くないから、そうした間違いをあらためて非難する習慣を持たないのだ。この種の無責任な言論が横溢《おういつ》する未来をもたらさないためにも、再検討したうえで、後世の批判に耐えうる位置付けをすることも、われわれに求められているのではないだろうか。

社民党に金銭トレードしておけばよかった　加藤紘一

衆議院議員で「宏池会《こうちかい》のプリンス」と呼ばれていた加藤紘一《かとうこういち》は、なぜ自民党にいたのか、よく判らない政治家である。東大卒の典型的な秀才で、外務省入省後、台湾大学の大学院、ハーバード大学の大学院などで学んだ。官僚上がりだから、実務能力も優れている。外務省のいわゆるチャイナスクールの出だけに、親中派としても知られる。総裁候補などと噂する人も少なくなかったものの、その生涯を総括してみると、どこかが違っていた。

加藤は、自民党衆議院議員の精三《せいぞう》の子として生まれた。精三は、山形県から出馬してトップ当選を果たした。二世議員の紘一も、山形で育ったため、山形とは浅からぬ縁があったが、自身は、一家で東京へ移ったことから、麹町中学~日比谷高校~東京大学という典型的な秀才コースを歩むことになる。

東大では、坂本義和《さかもとよしかず》のゼミで学んだ。坂本義和といえば、戦後を代表するいわゆる進歩的文化人の一人である。前に触れた菊地昌典も同様のリーダーだが、どうしてこの種の人々によって、戦後日本の論壇があれほど支配されていたのか、後智恵のようだが、今にして思うと、まさに噴飯《ふんぱん》ものである。

坂本は、戦後日本の国際社会への復帰に際しては全面講和論を主張し、論陣を張ったことで名を上げる。誰が聞いても、単独講和より、全面講和のほうが望ましいと考える。しかし、全面講和、単独講和という単語の使い分けの詐術《さじゅつ》になっているだけで、実際には、中ソなど一部の国を除くほとんどの国々との講和が成ったわけだから、単独講和と呼ぶのは当たらない。いわばアジテーションだったのだろう。

朝鮮労働党と日本共産党のあいだを取り持とうとしたこともある。やがて、北朝鮮による拉致問題が明るみに出ると、北に対して食糧援助をすべきでないとする横田夫妻を罵倒《ばとう》して、食糧が不足している北朝鮮の子供こそ救うべきだと主張したものである。北朝鮮の食糧危機が、金一族の先軍政治《ソングンチョンチ》という暴政によって引き起こされたことには目をつぶっている。エリート意識のかたまりのような冷酷な人間なのだろう。

また、坂本は、いわゆる従軍慰安婦なる疑似イベントがキャンペーンされるようになると、「西ドイツ（当時）を見習え論」を展開して人気を集める。実情を知らない人には、個人補償を行なった西ドイツが、人道的、良心的に見えるのだろうが、ヒトラーが命じたユダヤ人の大虐殺《ホロコースト》によって、一家全員が殺されたケースが多かったから、個人補償を請求しようにも、然るべき係累《けいるい》が生存していない。「西ドイツを見習え論」は、のちに韓国に受け継がれ、ドイツ人は反省したが日本人は反省しないという反日の論拠とされる。全てナチスの責任としてしまったドイツ人と比べ、日本は、さすがに賠償という表現は避けたものの、必要以上に責任を感じ、韓国に対しては、莫大な国家補償を行なっている。それでも、今なお韓国側から、個人補償を求める訴訟が後を絶たない。坂本の責任は大きい。

実際、多くの良心的な論者から、「ドイツを見習え」論への反論が寄せられた。ナチスは、断種手術、人体実験、安楽死、ガス室処刑など、数々の悪行をなした。とうてい日本とは比較にならない。数百万人のユダヤ人ばかりでなく、他の多くの民族や、自国民ですら身体障害者や精神障害者を、殺戮しまくっている。スペンサー由来の社会進化論を、優生学《ユージェニクス》(eugenics)を装った歪んだ理論に援用し、支配民族《ヘレンフォルク》(Herrenvolk)であるアーリア人種は、劣等民族を抹殺してよいとする暴論妄説《ぼうろんもうせつ》を正当化したのである。ナチスが50万人を殺害したジプシー(現在はロマと呼んでいる)の場合、殺された一人当たりの補償額は、僅か1万円ちょっとでしかなかったことを、西尾幹二《にしおかんじ》が例証している。そもそも、数百万人の大虐殺と、軍隊相手の売春婦の存在を、同等の罪のように扱う前提からして、狂っていると言わなければならない。

こうした政治姿勢をもってすれば、坂本がバランス感覚を欠いた人物であることは明白だろう。ここは想像だが、この坂本ゼミにおいて反日左翼思想を叩きこまれたことが、あとまで加藤の思想行動に、刷り込み《インプリンティング》のような影響を与えたにちがいない。

加藤は、60年安保デモにも参加しているから、坂本の反米思想が響いていたのだろう。当時から自民党的ではなかったことになる。最初、外交官試験にはパスせず、朝日新聞に入社しかけたというから、やはり路線的には左へシフトしていたのだろう。思い直してあらためて外交官試験に挑み、めでたく外務省へ入省する。

香港副領事などを経て、帰国後はアジア局中国課次席を務め、いわゆるチャイナスクールのエリートとしてキャリアを積み、活躍しかけた矢先、父の精三が死去したため、地元山形の後援会から推され、後継者として父の地盤を受け継ぐことになる。加藤の結婚式にも出席した旧知の中曽根康弘が、政界入りに当たって面倒を見ようと手を差し伸べたのだが、加藤は肌が合わないとして、断ってしまう。確かに、ある意味でナショナリストの中曽根とは、いくら個人的な縁があっても、政治スタンスが異なる。１９７２年、加藤は、山形から出馬してみごと初当選する。当選2回で、大平内閣で官房副長官に抜擢《ばってき》されたから、政治家として出世街道を歩みはじめたことになる。

所属する宏池会、大平派はいわゆるリベラル路線だが、加藤は、リベラルを通り越し左傾している。官房副長官として、成田空港反対の三里塚《さんりづか》闘争のメンバーと交渉に当たったというが、水面下で同情論に走ったらしく、なにも実らなかった。内なる左翼爆弾を隠して、中曽根内閣の防衛庁長官、宮澤内閣の官房長官などを歴任し、政界のプリンスとしての地位を固めて行くのだが、自民党離れした政治姿勢が、しだいに浮き彫りになってくる。いわば、隠れ左翼のようなものだ。

いわゆる従軍慰安婦という疑似《シュード》イベント（pseudo-event）が浮上した際には、官房長官発表という形で、世にいう加藤談話を発表して、韓国側に日本叩きの口実を与えることに一役買ってしまう。坂本義和から感染した左翼病が、長い潜伏期間を経て、徐々に発症したようなものだろう。

また1992年、天皇陛下の訪中にあたっては、推進派の金丸信を助け、実現に協力した。自民党内でも、世論でも、天安門事件で欧米の制裁を受けている中国を利するものという批判が多かった。

1994年、政調会長だった加藤は、保守主流派の梶山静六《かじやませいろく》らを牽制《けんせい》し、自社さ（新党さきがけ）の連合（野合？）政権を推進する。左派加藤の面目躍如《めんもくやくじょ》たるものがあった。当時自民党総裁であった河野洋平《こうのようへい》は、与党総裁でありながら、首相になれなかった例外となる。もともと河野自身、新自由クラブを立ち上げるなど保守本流から外れた人物で、いわゆる河野談話で、日本人のプライドを泥まみれにすることになるから、政治的スタンスは、加藤とも共通している。

しかし、この二人が擁立した社会党の村山富市《むらやまとみいち》は、例の鳩山由紀夫と1、2を争う最低の評価を、やがて与えられることになる。自社さの野合は瓦解するものの、橋本内閣では幹事長に就任し、小沢一郎率いる新進党との二大政党対決を制し、自民党に勝利をもたらした。このあたりが、加藤の実務能力の切れ味である。

しかしながら、１９９８年にはまたしても自民党は大敗。幹事長を辞任するものの、党内での権力は維持し、宮澤喜一《みやざわきいち》から大平以来の宏池会会長を譲られた。加藤は小泉純一郎、山崎拓《やまさきたく》と盟友関係にあり、いわゆるＹＫＫというトリオのような形で政治活動を行なっていたが、そのうち最も有力な次期総裁候補と目されていた。

やがて20世紀も末、世にいう「加藤の乱」を迎える。当時、自民党の森喜朗《もりよしろう》総理は、のちに史上最低の支持率７パーセントに転落するほどカリスマ性に乏しく、自民党内にも不満分子が少なくなかった。加藤は、野党の不信任案上程に乗じて、これに賛成あるいは棄権するという工作をはじめた。左派加藤から見れば、森の政治姿勢が右翼的に映り、許せないと感じたのだろう。もし加藤派45人、山崎派19人が同調すれば、不信任案は成立する。しかし、かつて盟友であった野中広務《のなかひろむ》が切り崩し工作に転じ、またＹＫＫの同志と頼む小泉純一郎も賛同せず、加藤の工作は失敗に終わる。

切り崩しにあって、加藤が涙ぐむ映像は、この男の政治的な生命を終わらせる予感であった。もしかしたら、あの乱は、おのれが権力を掌握《しょうあく》する革命の第一歩のつもりだったのかもしれない。もし、革命評議会議長にでも就任していれば、あの端正ではあるが冷酷そうな容貌には、人民服が似合ったかもしれない。

加藤の体内には、かつて坂本から仕込まれた左翼時限爆弾が、挿入されていたのだろう。加藤の言行録を振り返ってみれば、もっとも自民党から遠い政治スタンスが見えてくる。憲法九条を金科玉条《きんかぎょくじょう》とした。慰安婦の強制性を認めた。湾岸戦争においては、日本人を危険にさらすことはできないと明言してアメリカを激怒させた。結局、日本は多くの戦費を負担することになり、さらに僅か500トン足らずの沿岸用の掃海艇を、荒海で沈没する危険を冒してペルシア湾へ派遣し、機雷除去の過酷な任務にあたらせることになる。

日中関係では、天皇陛下の訪中推進など、中国一辺倒で通しつづける。中国海軍が、海自護衛艦にレーダー照射した際は、中国がそんなことをするかなど、疑義を呈する始末。また、親北朝鮮の姿勢も揺るがない。朝鮮総連は、在日朝鮮人の団体という枠を越えて、国交のない北朝鮮の日本における大使館のような役割を担うのだが、工作員の潜入など、非合法な活動にも携《たずさ》わっているとも噂される。

加藤は、その朝鮮総連の許宗萬《ホジョンマン》議長とは親しく、社会党の田辺誠《たなべまこと》、自民党では野中、山崎、金丸などとともに、しばしば許議長と会食することもあったという。加藤は、拉致被害者の会ともっとも対立した政治家で、いったん帰国した五人の被害者を北朝鮮に戻すべきだとし、言うにこと欠いて、金正日を「天皇陛下みたいなポジション」とまで奉《たてまつ》った。

政治には関わらない日本国の象徴である陛下を、よりによって究極の独裁者になぞらえる不敬な無神経ぶりである。また、従軍慰安婦、南京大虐殺などは、先方の主張をそのまま認める立場を崩さなかった。とうてい自民党主流の立ち位置ではない。

もし許されるとしたら、プロ野球界にならって、ある時期、加藤紘一という政治家を、金銭トレードで、民主党なり、社民党なり共産党などへ移籍させてみたら、政治史の流れも変わり、面白かったのではないだろうか。あるいは、それが無理なら、岡田克也《おかだかつや》、前原誠司、野田佳彦《のだよしひこ》など、比較的保守色の強い人々と、複数トレードも、試みる価値があったかもしれない。加藤紘一という政治家、自民党では所を得なかったが、ともすれば夢想家、妄想家の集まりに堕しかねない野党においてなら、実務家としての才能を、もっと発揮できたのかもしれない。

日本の金日成になりたかった(?)反体制実業家　小田実

小田実《おだまこと》という一世を風靡《ふうび》した評論家がいた。われわれの世代のヒーローと呼べる。小田が1961年に出した『何でも見てやろう』は、青年のバイブルのようなベストセラーになり、わたしも夢中になって読んだものだ。当時は、やたらと外国など行ける時代ではなかった。小田は、東大文学部を卒業したのち、フルブライト奨学金を得て渡米する。この基金は、戦後まだ貧しかった敗戦国の優秀な学生を、アメリカで学ばせるという目的に役立ち、多くの青年男女が渡米したものである。小田は、帰国する際、僅か二百ドルを手にして、世界一周旅行に出た。今でいうバックパッカーの元祖のようなものだろう。貧乏旅行の旅路で、多くの人々と出会い、多くの知識を蓄え、その体験を語った。この『何でも見てやろう』が、小田の作家、評論家としての実質的なスタートとなった。

帰国後も、このロングセラーが武器となり、評論家としての地位を確立する。いわゆる平和運動に傾斜して行くのは、1960年の安保闘争あたりからである。小田は、やがてべ平連（ベトナムに平和を！市民連合）という組織を立ち上げ、反米左翼運動を展開するようになる。いわゆる市民運動の走りだが、後にソ連の崩壊後、当時の機密文書が公開されたことによって、ソ連のKGB《カーゲーベー》（秘密警察）から活動資金を流されていたことが明るみに出てしまう。

アメリカ留学の経験のある小田が、なぜ反米運動に走ったのだろうか。わたしなりに忖度してみると、歴史上、こうした心理は珍しくないようである。例えば、三国同盟の締結に熱心だった松岡洋右《まつおかようすけ》は、アメリカのオレゴン大学を卒業したばかりでなく、宣教師メリマン・ハリスの薫陶を受けて、メソジスト教会に入信している。本人も親米派と自称していたほど、アメリカが大好きだった。しかし、アメリカ人の善意に触れれば触れるほど、日米の国力の差、国情の相違などから、一種の劣等感を抱くようになり、やがて反米が昂じて国際連盟から脱退し、日本を日米戦争の方向へ導いていくことになる。

フルブライト時代の日米の所得格差は、大きなものだった。小田も、貧乏な留学生生活から、アメリカ人の善意を受ければ受けるほど、惨めな思いを募らせ、やがて反米を標榜するようになったのではないだろうか。小田は、マルクス主義には懐疑的だったという。一般にはリベラル左翼と見なされていたようだが、むしろ日本の思想界を牛耳り、名声と蓄財につなげるという野心から、そうした戦略を取ったと見るべきだろう。敷衍《ふえん》して言えば、自分が王様になりたかっただけかもしれない。その意味でベ平連（ベトナムに平和を！市民連合）は、かれの権力拠点だったのだろう。

北朝鮮への傾斜は、尋常ではない。当時の風潮から、朝日、岩波などが、北朝鮮を「地上の楽園」として賛美したものだが、小田ののめりこみ方は、それ以上である。小田は、

1977年に書いた『私と朝鮮』において、こんなトンデモ発言をしている。

「第三世界にとって、かつて日本が進歩のモデルだった。しかし、今、そのモデルは、例えばアフリカの多くの国々にとって、北朝鮮にとって代わられようとしている。かれらの暮らしにはあの悪魔のごとき税金というものがない」と書き、食糧を完全に自給できるとして、絶賛する始末であった。

一時期、北朝鮮のプレゼンスが、アフリカ諸国のあいだで、高まったことがあるにはある。しかし、それは、小田が進歩のモデルというふうに、牽強付会《けんきょうふかい》したような事情によるものではない。アフリカ諸国から、軍事訓練、破壊工作訓練などのため、テロリストをはじめ多くの人々が北朝鮮を訪れていたからにすぎない。

また、税金がないうんぬんは、しばしば行なわれた北朝鮮のプロパガンダの一環だったのだが、今や真相は、はっきりしている。金一族を頂点とするカルト国家である北朝鮮では、究極の独裁体制が敷かれている。したがって、富の分配に関しても、国家権力が介入して塩梅《あんばい》してしまう。つまり、はじめから税金分を天引きしているわけだから、新たに徴収する必要がないことになる。それどころか、金一族の贅沢に供せられる金額も、膨大なものに上るから、労働者は、労働に見合った対価を受け取っていない。

北朝鮮は、援助を受けている中ソの手前、共産主義を標榜していたが、むしろ、カール・マルクスが蛇蝎《だかつ》のごとく嫌った東方専制君主（oriental despot）が君臨する古代的な国だと考えると、ちょうどよい。早い話が、国家が人民をタコ部屋へ放り込んで、奴隷のごとく搾取しているような体制である。こんな幼稚なプロパガンダに引っかかるようでは、小田の知性もたいしたものではない。馬鹿まるだしで、恥ずかしい限りだ。

食糧自給というのも、やはり嘘でしかない。これまた、プロパガンダに乗せられた小田の知性が疑われる。金日成という稀有《けう》の指導者は、前例のない国家運営法を編み出した。朝鮮戦争で疲弊した北朝鮮を復興するため、中ソ双方にたかるのである。中国になびくポーズを示し、援助をせしめたのち、今度はソ連にすり寄ってさらなる援助を受け取る。中ソとも、同じ社会主義を標榜する国を、相手方に取られたくない。そのことを小面憎《こづらにく》いほど承知した上で、折からの中ソ対立という状況を逆手にとって、最大限に活用したのである。日本でも、しかるべきエコノミストですら計画経済だと分析していたが、見当違いもはなはだしかった。まったくの無計画経済で、中ソにたかっていただけなのである。

金日成の時代、「千里馬《チョルリマ》」運動が行なわれた。協同農場《ヒョプトンノンジャン》という構想は、中国の人民公社に学んだものだが、援助を受けているソ連に対しては、ソ連の集団農場コルホーズに学んだものだと説明している。こうして、食糧自給を図ったのだが、巧くいかなかった。三大《サムデ》革命小組《ヘンミョンソジョ》という金正日が組織した学友グループが、現地指導と称して生産現場に介入し、見当違いの指令を濫発《らんぱつ》したため、工場、農場などで大混乱が起こり、かえって生産性を悪くしてしまった。こうした現状を無視した施策が、やがて90年代の苦難の行軍の伏線になる。

一方、小田が嫌った韓国は、日本から提供された資金を工業化に効率よく投下して、「漢江《ハンガン》の奇跡」と呼ばれる高度成長を可能とし、北朝鮮を引き離す。当時、日本のマスコミは、北朝鮮を地上の楽園として賛美する一方、韓国＝独裁政権という疑似イベントを売りまくっていたのだが、実情は異なる。朴正熙《パクチョンヒ》大統領は、北朝鮮という究極の独裁国家に対抗するため、やむなく強権政治を敷くしかなかったのである。

実際、北朝鮮から工作員が潜入したりしていたから、ある程度は私権の制限、言論の抑制も、やむを得ないことだった。当時、「間諜申告は113番《カンチョプ・シンゴ・ヌン・イリルサムポン》」というポスターを、ソウルの街角で見かけたものだった。たしか、北のスパイを申告すると、当時のレートでも何百万円かに相当する報奨金を貰えた。また、「滅共統一《ミョルゴントンギル》」というスローガンも、街にあふれていた。ハングル表記なので、俄かには判らなかったが、共産主義を滅ぼして、統一しようというわけだ。

わたしは、当時、何度も韓国を訪れ、新聞が読める程度までは韓国語を学んだものだが、空理空論をもてあそぶソウルインテリには不人気だったものの、朴正熙大統領が、多くの庶民から慕われ、支持されていることを、実感したものだ。また、知りあったインテリの多くが、人目もはばからず大声で朴政権を罵倒する。日本で、ＫＣＩＡという情報機関についてオーバーに教えられていたこっちが、かえってハラハラさせられたほどだった。こうした自由が許されていること自体、独裁政権でない証しだと悟ったものだ。実際、北朝鮮のゲリラが侵入して、大統領官邸に迫るなどという事件も発生しているから、韓国における北朝鮮への恐怖は、たいへん大きなものだったのだ。

小田の思い込みのような予言に反して、北が食糧を自給できないことは、はっきりした形を取って具現化することになる。90年代、２００万～３００万人という人々が餓死するという惨状を招いてしまうのだ。『何でも見てやろう』の著者が、相手がプロパガンダとして見せようとすること以外「何も見られない」国に、異様なくらい感情移入してしまった結果、知識人としてぬぐえない汚点を残したことになる。

小田が、どれほど北朝鮮に関して思い入れのような無知を露呈したか、今となっては、検証するまでもなく明らかになっている。例えば、あれこれ問題を残しているものの、日韓は、65年の日韓基本条約によって、すべての請求権に関して、完全に解決したはずである。小田はこのとき、北朝鮮とも国交を回復していれば、拉致問題も起こっていないとし、当時の小泉首相が国の責任を認め、拉致被害者に謝罪すべきだと、主張したものである。

しかし、この主張がおかしいことは、明白である。日本は北朝鮮ではなく、大韓民国《テハンミングク》が朝鮮半島（韓半島）を代表する国家であるとして承認しているのであり、北朝鮮＝朝鮮民《チョソンミン》主主義人民共和国《チュチュウィインミンコンファグク》と称する部分を認めていない。これを認める前に、この北朝鮮なる国家が、いわゆる朝鮮戦争（韓国動乱《ハングクトンナン》）を引き起こした責任を認めなければならない。

北朝鮮は未だに認めていないものの、ロシアの当時の関係者が、北朝鮮による南進の武力行動だった事実を証言している。また中国は、正式には認めないものの、北朝鮮を助けるため義勇軍を組織し、人海作戦とまで言われるほどの莫大な犠牲をはらった。毛沢東の息子すら戦死する激戦だった。その中国にも、北による侵略だったことを証言する人もいる。これに対して、国連は国連軍を組織して韓国を助けた。小田は、こうした事実に目をつぶって、一方的に北朝鮮の主張を代弁するだけだった。

しかし小田が、これほどまでに北朝鮮の実情を無視してのめりこんだのは、思想的な背景というより、当時の世相から見て、売り物になりそうだと判断したからにちがいない。小田は、坂本義和、菊地昌典などと同列の進歩的文化人と扱われることが多いが、なにかのイデオロギーを正面に立てたことがない。北朝鮮も、かれの儲け口のひとつにすぎなかったのだろう。

北に感情移入する前の1963年、小田は、『韓国何でも見てやろう』を、中央公論誌上に発表している。当時、いわゆる進歩的文化人はその左翼イデオロギーから、社会主義＝平和勢力＝北朝鮮、中ソ、資本主義＝戦争勢力＝日米韓という単純な図式を設け、言論界を支配していた。したがって、韓国を扱うこと自体が、かれらから見ると裏切り行為に見えるような世論操作が行なわれていた時代だった。小田は、対談した藤島宇内《ふじしまうだい》から失望と批判を表明され、北朝鮮についても批判すべきだと切り返している。ここらは、まさに正論なのだが、小田は、左翼陣営から叩かれたことで、韓国は売り物にならないと見切りをつけ、北朝鮮に乗り替えたのだろう。イデオロギー的な立場からの変節ではないらしい。

小田実という人は、自分の名声、蓄財につながりそうなトピックを見つける天才だったのではないだろうか。60年代には、『冷え物』という被差別部落を扱った小説をものしている。きわめて難しいテーマだが、小田は、売れ筋と感じて取り上げたのだろうが、差別用語をそのまま用いたため、部落解放同盟などからすさまじい抗議が殺到した。ここは、誤算だったのだろう。

のちに小田とべ平連を立ち上げる吉川勇一《よしかわゆういち》が、押しかけた解放同盟の人々に脅される一幕もあったという。この吉川も東大卒で、日本共産党の党員だったが、後に除名され、小田と行動を共にする。以後しばらくのあいだ、小田はこの問題には触れなくなってしまった。危険を察知する能力では誰にも負けない用心深さが、生来備わっている人なのだろう。やがて、この作品を再刊するにあたっては、部落解放同盟の幹部による批判もいっしょに載録して、バランスを取っている。

なにか名声と蓄財につながりそうなことがあると、小田は乗りだしてくる。長崎市長の本島等《もとじまひとし》が、右翼に銃撃される事件が1990年に起こった。本島は、原爆投下は日本に対する報復で、仕方がなかったという発言で世の批判を浴びた。また、昭和天皇の戦争責任についても言及している。

最近なくなった知人のC・W・ニコルのコメントが、興味深いものだった。6フィートもある大男が、小さな老人を背後から撃つとは卑劣きわまりない、とニコルは憤慨したものだった。ニコルは日本国籍を取得していたものの、やはり欧米風のユニークな怒り方だと感じたものだ。

このときの小田のコメントも、別な意味でユニークだった。「日本は自由主義のはずではないのか。自由主義の根幹は言論の自由だ。それなのに、ルーマニアのチャウシェスク政権と同じような体制を作ろうとする人々が存在するということだ」

本島市長銃撃は、もちろん許されることではない。また、言論の自由も必要だ。だが、その凶行を批判するため、どうしてチャウシェスクが出てくるのか、さっぱり判らない。チャウシェスクは、ルーマニア共産党書記長の独裁者だったが、市民の蜂起によって殺害された。現代の日本において、そんな独裁者が出現する下地があるとも思えない。普通の常識がある人なら、そう考えるだろう。

もしかしたら、日本共産党からチャウシェスクに相当する然るべき人物が登場するとでも、考えたのだろうか。さっぱり判らない話だ。小田という人が、あれこれ偉そうにコメントするものの、本質的には馬鹿であって、洞察力ではなく直観力で生きている証左かもしれない。もしかしたら、小田自身が、日本のチャウシェスクや金日成になりたかったのかもしれない。

かのベ平連も、小田の商売の一環だったのだろう。ベトナム戦争というトピックを、小田は最大限に利用した。もともとベトナム民族は、ガヴァナビリティが低いことで知られる。ベトナムのジャンヌダルクと称され、後漢王朝と戦った徴《ちょう》姉妹からはじまって、侵入する敵と戦ってきた伝統がある。モンゴル帝国五代目の皇帝、世祖《せいそ》フビライは、日本ばかりでなく、ベトナムへも大遠征軍を派遣している。しかしベトナムは、白藤江《はくとうこう》の戦いにおいて元軍を壊滅させてしまった。フビライのあと、六代目の成宗《せいそう》テムルのとき、日本征討の三度目の遠征軍派遣が建議されたものの、実現しなかったのは、ベトナムが善戦したおかげである。ベトナム人は、かのディエンビエンフーの戦いで、とうとうフランスを駆逐しているし、いわば戦い慣れした民族である。アメリカは、この難敵との泥沼の戦いに引きずりこまれたわけだから、日本国内にも、反米の立場でなくても危惧する意見は、早くから存在していた。小田は、こうした風潮を、疑似イベントに仕立て上げた。空母イントレピッドから脱走した米兵など、格好の道具立てとなった。

最初、この運動に加わった親友・小松左京《こまつさきょう》は、小田のやりかたに胡散臭《うさんくさ》いものを感じて、まもなく袂《たもと》を別《わか》った。わたしは小田に関して、非行とも呼ぶべき行為を、小松から聞かされたことがあるが、裏が取れないので、ここでは披露しない。

しかし、北ベトナムによる統一後、多くのボートピープルが出現し、圧政から逃れるため国を離れ、洋上で遭難する犠牲者も少なくなかった。小田は、ボートピープルの窮状にはまったく耳をふさいで、一切かかわらなかった。ベトナム戦争は、かれの飯の種でしかなかったのだろう。

小田が権力的な人間であることは、阪神淡路大震災における言動からも、はっきり判る。小田は、被災した自分のところに取材に来ないマスコミに激怒したという。未曾有の大災害すら、己れの権力確認のため、利用したかったのだろう。指導者気取りだとして、吉本《よしもと》隆明《たかあき》から厳しく批判されている。かつて小田と行動を共にした小松左京も、被災して足を痛めた。そのことをエッセイで淡々と綴っている。小田との人間的な大きさの違いだろう。

小田実というフットワークのよい人物は、その行動を裏付ける思想的世界を構築できるほど深みのある思弁的な背景を持たなかった。所詮は、戦後日本に咲いた仇花《あだばな》でしかなかったのだろう。

ルーピー宇宙人総理　鳩山由紀夫

鳩山由紀夫は、戦後保守合同が成った際の総理、鳩山一郎の孫にあたる。父威一郎《いいちろう》も政治家である。あの悪夢の民主党政権の初代総理大臣となった由紀夫とは、どんな人物だったのだろうか。東京大学工学部を卒業し、渡米してスタンフォード大学大学院で博士号を取得している。毛並みといい、学歴といい、そこだけ見ると、文句なしのエリートである。

最初はマスコミも、異色の総理ということで、宇宙人というニックネームにしても、好意的に用いていた。しかし、あれこれぼろを出すことになる。沖縄の基地移転に関して「最低でも県外」。移転先について「腹案はある」。温室効果ガス排出に関して「25パーセント削減」などなど、おいしいことばかり口走ったが、なんの裏付けもないことが判明する。

「綸言《りんげん》汗のごとし」という諺《ことわざ》がある。綸言とは、天子の言葉である。つまり、最高指導者がいったん口にしたことは、汗とおなじように、引っ込めることはできない、という意味である。鳩山には、この感覚が欠如しているらしい。なんの当てもなく、口から出まかせを平気で喋っている。

また本人は、祖父一郎から受け継いだという「友愛」なる言葉を、愛用しているが、相手かまわず友愛を大安売りされては、祖父も困るだろう。祖父一郎は、必ずしも軍国主義者ではなかったが、愛国者であったため、戦後、占領軍によって、公職追放になったことがある。一郎が、愛国者だったことは、戦後11年目の国会答弁に現れている。長くなるが、引用してみよう。

「わが国土に対し、誘導弾などによる攻撃が行われた場合、座して自滅を待つべしというのが憲法の趣旨とするところだというふうには、どうしても考えられないと思うのです。(略)誘導弾などによる攻撃を防御するのに、他に手段がないと認められる限り、誘導弾等の基地をたたくことは、法理的には自衛の範囲に含まれ、可能である」

まだ、ロシア、中国、北朝鮮などのミサイルの脅威が、問題化されていない60年以上も昔の話だ。敵のミサイル基地を攻撃することは、自衛の範囲内だと主張している。驚くべき気骨と先見の明である。一郎が、不肖の孫のように、友愛を大安売りしていなかったことが、この一事をもってしても、はっきりする。

ルーピー宇宙人総理は、さんざん政治を玩具にしたあげく、辞任することになり、政界からも引退を余儀なくされるのだが、それでも懲《こ》りない。韓国、中国などを歴訪し、相手が喜びそうな妄言を吐きつづける。

江戸川柳にある。

「売り家と、唐様《からよう》で書く三代目」

唐様とは、凝《こ》った書体である。いくら金持ちでも三代目ともなると、役に立たない教養はあるものの、才覚が欠けているから、没落して自宅を売りはらうため、売り家の札を、凝った書体で書いているという譬えである。鳩山由紀夫は資産家だから、自宅を売ることはないだろうが、少なくとも民主党の売り家札を、唐様で書いたことはまちがいないだろう。いろいろ資料に目を通してみたものの、あきれかえって、書き続ける意欲を喪失してしまった。読者の皆さんの評価を仰ぐことにして、この項は、これ以上コメントしない。

トンデモ軍事音痴で開き直る　福島瑞穂

福島瑞穂《ふくしまみずほ》は、大学受験のころ、全国模試で一番になったことがあるという。典型的な丸暗記秀才にちがいない。もともと弁護士だから、当然のごとく、六法全書は隅から隅まで、暗記しているのだろう。人間、暗記したことを、疑うのは難しい。従って、日本国憲法を、すっかり暗記したまま、絶対視しているのだろう。特に憲法第九条は、不磨《ふま》の大典として、信仰の対象の域まで、アウフヘーベンされているにちがいない。もし疑ったりすれば、不敬罪に相当するとでも考えているのかもしれない。

わたしは、もともと小説家だから、憲法の奇妙な文体だけでも、せめて矯《ただ》したいと思っている。「平和を愛する諸国民の公正と信義に信頼し」は、どう見ても文法的に変だろう。「信義に信頼し」ではなく、「信義を信頼し」でないと、日本語らしくない。

しかも、その内容だが、「平和を愛さない」諸国民は、初めから勘定に入れていない。つまり、日本人は「平和を愛さない」が、日本人以外の諸国民は、「平和を愛する」という前提に立った憲法なのだ。こういうことを疑問に感じないのだろうか。そうだとすれば、きわめて感受性の鈍い馬鹿にちがいない。いや、平和憲法教というカルトの狂信者なのかもしれない。

丸暗記したことを絶対視するのが、受験秀才の本能である。わたし自身、かつてはそうだったから、よく判る心理である。たぶん、福島も、その後は、なにも自分では考えなくなってしまったのだろう。弁護士という職業は、すべて前例となるような判例に準拠して、仕事をするものだというから、暗記した判例以外は、必要ないわけだろう。

福島の安全保障観、民族観など、理想と言えば聞こえがいいが、妄想の域を出ていない。有為転変《ういてんぺん》の国際情勢、日進月歩の軍事技術などから、なにも学ぼうとせず、ただ目を背けているだけなのだろう。

福島瑞穂は、宮崎県の出身で、東大法学部を卒業し、司法試験にパスする。検察官への道を歩むことなく、弁護士登録して、人権あるいはフェミニズムを売りに、テレビのコメンテーターとしても人気を博す。そこそこ美人で可愛いらしく見えたから、ワンポイント・イシューのポピュリズムだけで、多少は馬鹿でも、それなりにファンを集めた。

やがて、その政治スタンスを買われて、社民党の土井たか子に請われて、政界入りを果たすことになる。当時の社民党は、土井たか子のもとにあったが、かつての勢いを喪失していた。1990年の衆院選において、土井を党首とする日本社会党は140近い議席を獲得して、二大政党時代の幕開けを期待されたものの、その後の新党ブームに埋没し、しだいに衰勢を辿っていった。党名を社民党に変えてみたものの、じり貧の傾向は止まらない。

政策に関しては、保守のはずの自民党のほうが革新で、革新であるはずの社会党のほうが保守だった。たとえば、旧社会党のエネルギー政策。もちろん原子力には反対だが、なんと国内炭二千万トン体制だという。現在のように、排出ガスを問題にする時代ではなかったが、それにしても疲弊した日本の炭鉱で、どうやって二千万トンもの石炭を掘り出すのか。まったくの空想的な政策でしかなかった。当時、それを強行すれば、炭鉱労災死者が膨大な数に上ると試算した人もいる。

福島は２００３年の衆院選で、土井のもとで衆院選に大敗した社民党のあとを承《う》けて、党首に就任した。対テロ特別法などに反対し、なんでも反対という旧社会党以来の伝統を守るのだが、弾道ミサイルの迎撃が国会で話題になると、人工衛星と間違えたら問題だなどと、軍事、安保への無知をさらけだす。

２００９年の民主党ブームで、福島にもチャンスが巡ってくる。鳩山由紀夫のもとで特命大臣に任命され、少子化問題、食品安全などを担当するものの、さしたる成果は上げられなかった。また、鳩山の迷走、最低でも県外という妄言を真に受けて、辺野古地区への移設合意に反発して、とうとう罷免《ひめん》に至った。その意味では、ルーピー宰相と最後まで心中しなかったことは、一時的にはラッキーだったかもしれない。政治的信念を貫いたことになるのだろうか？　一見かっこいいが、政治家として、なにも生み出していない。

党勢は、しだいに翳《かげ》るばかりで、旧社会党の面影すら失ってしまう。選挙では敗北を続け、党首の座を譲り渡すが、それでも低落傾向は止まらない。今や支持率1パーセントにも満たない零細政党に堕してしまった。その責任の大半は、福島の無能に帰せられるだろう。その福島は、一時は党勢低落の責任を取ったかたちで、党首の座を譲ったものの、最近また返り咲いている。

なぜ、こうなってしまったのだろうか？　まったく勉強しなかったからだろう。わたしも、受験で失敗してから、一時期、二度と勉強などするまいと決心していたものだ。福島は、司法試験などで、丸暗記を勉強と錯覚して、意欲を使い果たしてしまったのかもしれない。国際情勢、安全保障などを論じるためには、学問が欠かせない。ちょっと資料に目を通せば、はっきり判ることでも、ただ忌避《きひ》しているだけだから、真実が見えなくなってしまう。

一例をあげるだけで、福島の不勉強ぶりが、はっきりする。２００1年、護衛艦のインド洋派遣に際して、当時の中谷防衛庁長官に対して、こう言ってのけた。

「そこ（アラビア湾）でB－52が、実際に艦船から飛び立ち、攻撃するわけです」

知ったかぶりどころではない。まさに無知そのものだろう。馬鹿をさらけ出している。B－52と言えば、安全保障を論じる人なら誰でも知っているが、アメリカの巨大な戦略爆撃機である。八基ものジェットエンジンを持つB－52が、艦船から飛び立てるわけがない。原子力空母ロナルド・レーガン級の飛行甲板の10倍もの長い滑走路がないと、離陸できない。また、すでに旧式化したB－52が直接に攻撃することもない。ステルス性能のない亜音速のB－52は、敵ミサイルの餌食にされるだけである。ただ、巨大な積載量を活かして、アウトレンジから巡航ミサイルの空中発射基地のような運用法もある。この程度は常識だろう。要するに、軍事、安全保障に関すること全てを、忌避しているのだから、なにを言っても、現実から乖離《かいり》してしまう。これで通れば、幸せだろう。

しかし、福島だけを責められまい。日本人が国を挙げて、国防音痴に陥っているのだから、福島がもてはやされる下地ができあがっている。さる番組では、女性レポーターが、戦艦、戦艦と連発する。画面には、戦艦など見当たらない。どうやら軍艦と言いたかったらしい。戦艦とは、大和、ミズーリなど、最大級の戦闘艦で、もちろん現在の日本には存在しない。

また、湾岸戦争のとき、やはりレポーターが、戦車、戦車と連呼する。しかし、画面に映っていたのは、ＡＰＣ（装甲兵員輸送車《アーマード・パーソネル・キャリアー》）あるいは、ＩＦＶ（歩兵戦闘車《インファントリー・ファイティング・ヴィークル》）だけである。キャタピラーが付いているからといって、戦車（ＭＢＴ＝主力戦闘戦車《メイン・バトル・タンク》）とは限らない。

日本人全てが、平和教という疑似宗教に帰依《きえ》しているかのようだが、お経のように平和と唱えても、世界が平和になるわけではない。実はわたしも、平和教に帰依しかけた。世界中で、何十兆ドルと消費される軍事費、これを民生向上、経済発展に回せば、アフリカ諸国の飢餓が解消されるなどと、書いた記憶がある。

戦後、日本の防衛政策は、一度もぶれたことがない。日本人さえ身を慎《つつし》んでいれば、世界が平和になると、かたく信じこんできた。そのため、日本人の手を縛るような国防政策しか行なわなかった。戦闘機から空中給油装置を取り外したり、輸送機の航続距離をことさらに短くしたり、日本が侵略に行けないようにすれば、平和が保たれると信じたのである。例えば、国産Ｃ－１輸送機は、当時まだ一大勢力だった社会党の要求を入れて、僅か千キロ足らずしか飛べない設計になった。仮に長い航続距離があったとしても、武装もない輸送機で侵略に出かけたりできないことは、いわば自明の理だったが、そういう常識は通じなかった。

日本列島すら縦断できないから、いちいち降りて給油しないとならない。Ｃ－１は短い離着陸距離など、優れた長所を持つ国産輸送機だったが、ＰＫＯなどで外国へ行くこともできない。そのため、アメリカ製のＣ－１３０ハーキュリーズ輸送機を、別途に購入しなければならなくなった。このＣ－１３０を見学したとき、びっくりしたことがある。操縦席《コックピット》の後ろに仮眠スペースがある。長距離トラックと同じようだ。航続距離が長いので、パイロットが交代で仮眠するのだろう。

幸いというべきか、最近、国産Ｃ－２輸送機が採用された。Ｃ－１の四倍以上の航続距離を有するから、運用に不便はない。やっと、少しばかりだが軍事常識が通じるようになりかけている。

アフリカの某国へＰＫＯで出かけたときなど、兵員輸送車に標準装備されている重機関銃を、わざわざ取り外して行ったほどである。自衛隊員が機関銃を撃ちまくって、現地人を殺傷するとでも思ったのだろうか。むしろ、武装らしい武装を持たない自衛隊員のほうに、人命の被害が出る恐れさえあった。

福島瑞穂の平和教も、戦後ずっと続いてきた日本の国防方針の延長線上にあるものだった。福島は、いわゆる従軍慰安婦問題にも熱心である。これまた、戦後の日本＝悪玉論に準拠した軍事がらみの捏造で、実際は軍隊を相手にする民間の売春宿があり、日本の官憲は、業者から依頼を受けた診療などのほか、いっさい関与していない。しかし、福島のように日本＝悪と暗記してしまった人間に対して、なにを言っても無駄なのだろう。事実を検証するため、学問をするという習慣を持たないからである。

福島は知るまいが、日本の軍事費はＧＤＰの１パーセント以下、国際比較で言うと、世界の百位以下の割合で、オマーン、イエメン、サウディアラビアなど、ＧＤＰの10パーセントを越える中東の国々と比べれば、いかに低い水準か判る。また日本は、武器輸出を行なっていなかった。中国のように、紛争国の政府側、反政府側の双方に、武器を売っている国もある。素手で殴り合いをしている双方に、これでやっつけろと、ナイフを売りつけるようなものだ。

ちなみに、武器輸出の大国を挙げてみよう。資料によっても異なるものの、中国、アメリカ、ロシア、フランス、イギリスと国連安保理常任理事国は上位の常連国にランクされ、六位と七位に、意外な国が位置する。ドイツとイタリア、日本と同じ第二次大戦の敗戦国である。かつてヒトラーという恐怖の独裁者を選挙で選び、大戦の惨禍《さんか》を招いてしまったドイツ国民が、反省もなく武器を売りまくっている。２０１８年の統計では、ドイツを四位とする数字も出ている。イタリアも同様で、オートメラーラ社の艦載砲は、海上自衛隊の艦船にも採用されている。韓国も、近年はベスト10入りして、武器輸出に邁進《まいしん》している。

また、スウェーデンのように、武器は輸出しまくるが、絶対に輸入しない国もある。戦闘機や戦車ばかりでなく、軍用バイクすら国産でまかなっていた。永世中立を保ち続けるためには、もし兵器を輸入に頼ると、いざというとき売ってもらえなくなるリスクがあるからだ。スウェーデン製の兵器も、日本の自衛隊で使われている。

こうした例からも判るように、いくら日本人が反省して身を慎んでいても、世界は平和にならないのだ。

わたしは、いわゆる軍事オタクではない。近未来SFを書くようになり、どうしても戦闘場面、アクションシーンを書く必要が生じた。さる短編で、銃の扱いかたが間違っていると読者から指摘されて、これではいけないと発奮《はっぷん》した。銃やバイクに関しては、熱狂的なマニアがいて、嘘を書くと抗議が殺到する。

そこで、ロスアンジェルスのコンバット・トレイニング・センターに通い、拳銃、ライフルの扱いかたを学んだ。インストラクターが、せせら笑って言ったものだ。日本の警官より、アメリカの主婦《ハウスワイフ》のほうが、銃器の扱いに長《た》けていると。

わたしはまた、『軍事研究』『丸』などの専門誌も定期購読し、『防衛白書』、『自衛隊装備年鑑』などにも目を通して、勉強にこれ努めた。わたしのような小説家にもできることを、国家の命運を左右する政治家が、さぼって学ぼうとしない。福島瑞穂の不勉強が、目立つこのごろである。反対なら反対でもいいが、最低限の軍事学だけは勉強してからにしてもらいたい。

ノーベル賞が泣く北朝鮮への傾斜　大江健三郎

のちにノーベル文学賞を受賞する大江健三郎は、わたしが同業者として、もっとも尊敬した作家である。まだ作家志望者だったころ、『死者の奢《おご》り』『飼育』など、多くの作品をむさぼるように読みふけったものである。未熟だったわたしの知らない漢字の多用や、流暢な文体などに、すっかり魅了された記憶は今も褪《あ》せていない。『同時代ゲーム』くらいまでは、熱心な読者の一人だったといえる。

その大江が、北朝鮮への在日朝鮮人の帰国運動に、おおいに関わった。今も手元に、毎日新聞のグラフ雑誌で、藤島宇内と対談した記事があるが、偉大な作家である大江にふさわしくない軽挙妄動《けいきょもうどう》のように映る。祖国建設のため帰国する人々を支援しようと、おおいに煽りたててしまった。九万人という在日朝鮮人、そして配偶者や子供など、日本人七千人が、「地上の楽園」というプロパガンダに乗せられて、北朝鮮へ帰国して行った。しかし、その国は、「地上の楽園」どころか、朝鮮民主主義人民共和国《チョソンミンチュチュウィインミンコンファグク》という誇大広告のような国名とは正反対の、究極の独裁国家だった。多くの人々が、到着したとたんに、持参した自動車、ピアノなどを取り上げられ、生死の境をさまようことになった。大江は、これらプロパガンダが、まったくの虚偽だと判明したのちは、これまた牡蠣《かき》のように口をつぐんでしまった。

　これ以上は、書きたくない。作家としての業績と、政治向きの態度が、完全に乖離している。ある時期、心から尊敬した作家を、これ以上、貶めたくないからだ。

確信犯？　筋金入り？　あるいは本当に馬鹿？　和田春樹

破廉恥《はれんち》という言葉がある。友人の永井豪《ながいごう》のベストセラーマンガ『ハレンチ学園』のように、片仮名で書くと軽い意味になってしまうが、本来は廉恥心《れんちしん》に欠けるという意味だから、きつい表現になる。この形容に当てはまりそうな人物がいる。東京大学名誉教授の和田春樹《わだはるき》である。自分が学者として断定した事実関係が覆《くつがえ》っても、いっこうに訂正も反省も謝罪もしないのだから、破廉恥のようでもあり、鉄面皮《てつめんぴ》のようでもある。よほど心臓に毛が生えているか、あるいは、まったくの馬鹿なのだろう。

和田春樹は、わたしと同年で静岡県の出身、東大文学部を卒業している。以後、東大一筋で半世紀以上も勤めあげ、名誉教授号を与えられている。こう書くと、いかにも優秀な人のようだが、やってきたことを検証してみると、よく言えば確信犯、悪く言えば馬鹿としか思えない。これで、よく東大教授が勤まったものだと、かえって感心させられる。

和田は、学者だから、いろいろな本を読んでいる。しかし、読解力、分析力が欠如しているらしい。マークシート方式で、共産主義、旧ソ連、北朝鮮などに○を付けるしか、能がないように見える。ロシア革命の発端となる1905年の「血の日曜日」の研究からスタートしたことが、マルクス主義との出あいとなったようだが、鵜呑《うの》みにするだけに終わる。

ソ連、中国、北朝鮮など、多くの分野で研究なるものを発表するのだが、そっち系の解釈なら、なんでも鵜呑みにする人だけに、ユニークな分析など望むべくもなかったようだ。どうやら、説得力のある意見が出るのは、旧ソ連のペレストロイカに共感を示す研究からだった。確かに、ゴルバチョフ書記長（当時）が進めようとしたペレストロイカ政策は、世界から注目されていた。ペレストロイカとは、ロシア語で、再構築の意味だそうである。

わたしも80年代の末に訪ソしているが、ペレストロイカというスローガンを、街で見かけたものである。ちなみにわたしは、ロシア語は全く分からないながら、キリル文字だけは読めるようにしておいたから役に立った。街で食料品店の看板が判ったので、いっしょに行った井沢元彦《いざわもとひこ》が、ロシア語ができると誤解して感心してくれたものだが、ガストロノムという発音から、類推《るいすい》できたにすぎない。ガストロは英語でも胃袋だから、おおよそ意味の察しが付く。また、エカテリーナ女帝のころのフランスかぶれの影響が残っているため、判る単語が少なくない。トアリエートと書いてあれば、トイレットというわけだ。

閑話休題《かんわきゅうだい》とするとして、和田が共感したペレストロイカは、社会主義の行き詰まりを打開するための弥縫策《びほうさく》（とりつくろい）でしかなく、やがて八月クーデターなどが起こり、ソ連の崩壊に至る。和田は、感情移入してしまったペレストロイカの失敗と、それに伴うソ連の崩壊に接して、国家社会主義の崩壊だと詭弁を弄《ろう》した。国家社会主義といえば、ナチスが有名だが、それでは真の社会主義とは何かという点には、なにも言及しなかった。

和田の珍妙な分析の一つに、北朝鮮を「遊撃隊国家」と定義したことがある。まるで下手な冒険小説のタイトルのようだが、大真面目だったらしい。珍妙というだけなら、笑って済ませられるが、この解釈は、のちのち重大で深刻な影響を残すことにつながる。和田は、北朝鮮で教えられる「普天堡《ポチョンポ》」という金日成にまつわる神話を得意の鵜呑みにしたまま、研究論文の形を借りて、大々的に広めてしまったのである。

事件は、1937年、わたしや和田が生まれる前年に起こった。現在の北朝鮮領で、満州との国境沿いの咸鏡南道《ハムギョンナムド》（現在の両江道《リャンガンド》）の普天堡《ポチョンポ》という寒村を、抗日聯軍《ハニルリョングン》なる武装集団が襲撃したことに始まる。この集団は、祖国光復会《チョグククワンボッケ》という抗日組織の武装グループだとされるが、定かなところは判らない。日本側の対応は記録されているものの、敵の正体は、詳しくは判っていない。

満州では、馬賊《ばぞく》、匪賊《ひぞく》など、不穏な武装集団がはびこっていたから、こうした一味だったのかもしれない。実際、現在の貨幣価値に換算して、何億円もの現金が強奪されているから、思想上の行動というより、いわば強盗のようなものだが、この事件は、今日の北朝鮮では、金日成の一大快挙であるかのごとく、教育され称賛されている。北の神話によれば、日本軍一個師団を殲滅《せんめつ》したことになっている。当時の日本側の記録では、普天堡には、警察の駐在所はあったものの、一個師団もの軍隊は駐屯していなかった。結局、双方に数十名の死者が出ることになり、日本軍が討伐に乗り出して解決した。

この事件のゲリラ側の指揮官が、金日成だったというのだが、数々の疑問点が残る。抗《ハ》日聯軍《ニルリョングン》には、中国共産党の息がかかっていたとも言われる。さらに、事件から五か月後、討伐を続けていた満州国軍は、金日成なる人物を射殺したと報告している。この時、36歳だったという。ここで死んだはずの金日成なる人物が、戦後分断された北朝鮮に、ソ連軍少佐の軍服を着て登場するのは、これより10年ばかり後のことになる。かつて、満州と朝鮮の国境沿いに、金日成なる武装ゲリラの指導者がいたことは、よく知られている。平壌《ピョンヤン》で金日成を迎えた年配者が、あの金日成にしては若すぎると、違和感を持ったと述べている。

それでは、金日成の名を騙《かた》った人物は、いったい、何者だったのかという疑問が生じる。これには、当時を知るロシア婦人の証言が残されている。金日成の長男の金正日《キムジョンイル》は、北朝鮮で抗日拠点として神聖化されている白頭山《ペクトゥサン》の隠れ家で生まれたわけではなく、ソ連領で生まれユーリというロシア名で呼ばれていたという。また、こちらの金日成は、将来への布石としてソ連軍が養成した朝鮮人部隊の一員だったとされる。したがって、戦後、平壌に登場するまでの経歴は、ほとんど不明なのである。未確認だが、極東ソ連軍とともに、ヨーロッパの東部戦線に送られ、ナチスドイツと戦っていたとする説すらもある。ただ、日本統治時代、その金日成が、抗日戦を指揮するどころか、朝鮮半島にいなかったことだけは、明らかである。

わたしは、こうした事実を、産経新聞の柴田穂《しばたみのる》から、著書で読んだばかりでなく、個人的にも教えられたことがある。柴田は、のちに中国政府の理不尽な要求に屈せず、自ら支局長を務めた北京支局の閉鎖を命じられた際、従容《しょうよう》として残務整理を済ませ、堂々と北京を退去したという剛直な人物である。

和田は、北朝鮮のでっち上げどおり、『金日成と満州抗日運動』などで、この普天堡《ポチョンボ》神話を、大々的に流布《るふ》してしまった。以後、この神話は、日本の論壇でも、あたかも史実であったかのごとく通用することになる。東大教授の権威のせいだろう。

また、北朝鮮への過度の思い入れから、はじめ韓国に対して憎悪に近い論評を加えていた和田が、やがて、左傾した韓国で、日本の「良心的知性《ヤンシムチョク・チソン》」として、もてはやされるというネジレ現象を起こすことになる。韓国は、漢字を廃止しているから、知性ではなく、痴性という漢字を当ててても構うまい。和田は、歓迎されるので、その後何度も訪韓して、日本の悪口を喋ってくる。どの面下げてという神経はないらしい。世渡りが巧すぎる。

韓国人は、自尊心《チャジョンシム》という言葉が好きである。しかし、日本語でいう意味とは、かなりズレがある。かつて日韓は、併合していた。朝鮮半島の人々も、南北を問わず日本人だった。かれらは、内地の人々の助けを借りて、陋習《ろうしゅう》に毒されていた朝鮮社会の近代化に成功したのである。韓国人は、本来このことを誇っていいはずだが、逆に日本に加担したかのようなオブリゲーション（負い目）を感じるようになり、やがて許せなくなった。唯々諾々と日帝《イルジェ》に従っていましたでは、得意の自尊心が保てない。ここから、歴史塗り替え願望が発生する。自分たちも頑張ったのだが、相手の日本が、あまりにも凶悪無比、残虐非道だったため、及ばなかったのだと、被害妄想のような歪んだ解釈に浸りたいのである。

ここに、日帝と戦ったとされる英雄が存在すると知ることになった。日本の和田春樹なる学者が、推奨している金日成である。わたしが初めて訪韓したのは1972年だったが、当時の朴正熙《パクチョンヒ》政権は、究極の独裁国家である北朝鮮に備えるため、反共法などを運用し、一部では思想、表現の制限を行なっていた。

そこへ、日本から和田の著作ばかりでなく、マルクス主義的な文献などが密かに持ちこまれたのである。共産主義は、若者にとって麻疹《はしか》のようなもので、感染しやすいと言われる。この影響は大きかった。共産主義に対する免疫のない韓国の若者が、罹患《りかん》しはじめる。北朝鮮の金日成は、自ら軍を率いて、日帝と戦った。それに反して、韓国側にいた人間は、日帝に屈服したままだった。ここから、韓国のインテリのあいだに、北朝鮮に対する奇妙な負い目のような感情が発生してしまう。和田の功績は大きい。

常識的に見れば、日本の協力を得て発展した韓国が、軍備を除けば最貧国の北朝鮮を羨《うらや》む理由などないはずだが、ある主義主張に凝り固まると、ものごとを検証しなくなる悪い癖が、あの民族の特性である。こうした民族性と、和田の主張する「遊撃隊国家」北朝鮮とが、妙に平仄《ひょうそく》が合ってしまったのであり、巨大な禍根《かこん》を残すことになる。

和田の主張が歪んでいる例は、これに留まらない。例えば、朝鮮戦争（韓国動乱《ハングクトンナン》）である。

戦後、長いあいだ、いわゆる進歩的文化人のイデオロギーから、日米韓などを戦争勢力と規定したため、あの戦争は韓国が仕掛けたとする虚妄《きょもう》がまかり通っていた。しかし、中ロからも証言する人々が現れ、この虚偽の解釈が通じなくなると、和田は、どちらが仕掛けたかは問題ではないと、詭弁を弄するようになる。北朝鮮の侵略を免罪にしようと図ったのだろう。当時、韓国側には戦車はなく、軽飛行機しかなく、常駐するアメリカ軍事顧問団も、僅か五百人に過ぎなかった。対する北朝鮮は、スターリン戦車の大軍と、ミグ15戦闘機の大編隊で、周到な準備を重ねて侵攻してきた。わたしは、韓国軍が敗北に敗北を重ね、朝鮮半島の東南の隅に追い詰められていた時代を知っている。周りの大人たちは、次は九州に攻めてくると、危機感を口にしていたものだ。和田の論法が通じるとすれば、ナチスの電撃作戦《ブリッツクリーク》も、真珠湾攻撃も、すべて免罪になるだろう。

和田の努力の甲斐あってか、韓国社会は左傾化、過激化してくる。学生運動では日本の影響を受けて、マルクス主義を標榜し、北朝鮮に同調する一派が主導権を握るようになる。金日成が提唱したとされる主体思想を奉じる主体思想派《チュチェササンパ》、略して主思派《チュサパ》が台頭してくる。現政権の幹部は、ほとんどが運動圏《ウンドンクォン》と呼ばれる学生運動の出身であり、当時の逮捕歴は、いわば勲章のようなものだ。

和田の影響は、潜伏期を終えた疫病のように韓国社会に蔓延する。21世紀の初頭だが、東国大学校《トングクテハッキョ》の姜禎求《カンチョング》教授が、とんでもない意見を発表して逮捕されるに至った。ちなみに、韓国で東大《トンデ》と言えば、この東国大学を指す。わたしも、シンポジウムで知己を得た縁で、東国大学に日本学研究所を創設された金思燁《キムサヨプ》先生には目をかけていただき、講演に訪れたこともある。新羅《シルラ》ホテルの近くには、東大前《トンデ・アプ》という地下鉄の駅もある。したがって、国籍こそ異なるものの、この人も、ついでながら飛び入りで東大馬鹿《トンデ・パーボ》に分類しても、いっこうに構うまい。

姜教授は、なんと、朝鮮戦争を祖国解放戦争と位置付け、アメリカの介入がなかったら、統一が成っていたとまで、極言してしまったのである。まさに和田の意見と同じで、北朝鮮の主張そのままである。北の侵略に対して、国連は介入を決議して、アメリカ軍を中心に20近い国々が国連軍として参戦し、多くの犠牲を払ったのち、ようやく韓国を救った。北朝鮮軍は、各地で地主、資本家、文化人などを公開処刑するという蛮行を働き、韓国人から怖れられた。しかし、姜教授は、こうした史実に目をつぶり、アメリカを悪玉に仕立てあげようと謀《はか》ったのである。

さすがに姜教授は逮捕されたものの、下された判決は、執行猶予付きという軽いものだった。かつて朴政権下では、共産主義は非合法であり、北朝鮮を利する言論には、国家反逆罪など、死刑を含む重刑が加えられたものだった。

和田は、いわば確信犯、いや狂信者のように北を擁護しながら、韓国には憎悪に近い批判を投げかけつづけた。北の究極の独裁システムには、まったく目をつぶっておきながら、韓国には政治的自由も労働運動もなく、日米に隷属していると断定している。当時、北朝鮮に理解があった公明党の竹入義勝《たけいりよしかつ》委員長ですら、訪韓したとき、韓国を自由主義国家だと確信したと述べているが、和田はこれに大いに反発して罵《ののし》っている。その和田が、21世紀になると何度も訪韓して、韓国の味方面《づら》を始める。恥も節操もないのだろう。

和田は、在日韓国・朝鮮人、慰安婦などにも、個人補償を求める立場を崩さない。また、竹島は韓国領だと明言している。何度も述べているが、日本は西ドイツ（当時）と異なり、国家補償という解決法を選び、すでに全ての処理を最終的に終えているのだ。そこから先、個人補償をするかどうかは韓国政府が決めることで、日本とは関係ない。

和田は、北朝鮮による横田めぐみさんの拉致問題が明らかになっても、確たる証拠がないと突っぱねている。のちに、金正日自身が拉致を認めたときには、拉致そのものがなかったとは言っていないと、とぼける始末。まさに、お上手《じょうず》。

1983年、ビルマ（現ミャンマー）のラングーン（現ヤンゴン）で、北朝鮮工作員によって韓国の全斗煥《チョンドゥファン》大統領の暗殺未遂事件が発生した際、和田は、韓国内部の自作自演説を取ったばかりでなく、北朝鮮が爆弾テロなどやるはずがないとまで断定している。

あまりにも虚偽の分析が多すぎるので、箇条書きのように整理してみよう。北朝鮮は、「遊撃隊国家」。朝鮮戦争は、韓国がしかけた。拉致は、なかった。北朝鮮の食糧は、充分にある。などなど、嘘ばかりついてきたことになる。

われわれSF作家は、宇宙人が攻めてきたり、タイムマシンで過去へ行ったり、嘘をつくのが商売だが、あくまでフィクションの世界である。わたしも、小説の背景として調べたのがきっかけで、韓国、原子力、日本古代史、古生物学などのテーマで、多くのノンフィクションを書いているが、ほんとをつくときは、慎重にならざるをえない。こうまで堂々と嘘を垂れ流す勇気はない。

もし占い師なら、これほどご託宣《たくせん》が外れてしまっては、客が寄り付かなくなり、商売あがったりになるだろう。サラリーマンなら、ここまで情報分析ができなければ、ただちに馘首《くび》になるだろう。和田の大好きな北朝鮮なら、間違いなく銃殺ものだ。

こんな人間を半世紀以上も飼っておいた東京大学も、甘いものだ。

融通無碍、衣の下の鎧にご用心！　志位和夫

この項は、のっけから私ごとで始めるが、初めて韓国を訪れたのは、日本航空に勤める友人と一緒だった。笹塚の朝鮮語教室で知りあった人で、おたがい古代史ファンだと判り、意気投合したものである。ちなみに、この教室には、日にちは異なるが、コリアウォッチャーの第一人者の黒田勝弘《くろだかつひろ》氏も、通っていた。あちらは、わたしなど及ぶべくもないソウルの日本人社会の主《ぬし》のような人だが、韓国語のスタートは一緒だった。

友人の紹介で、大韓航空の李徳周《イドクチュ》という人と知り合い、案内やら食事やら連日つきあってもらった。李は、日本航空に研修に来て、この友人と親しくなったという。わたしより五歳上だから、日本語世代である。李が、日本でのカルチャーショックを、開口一番に話してくれた。街中で、日本共産党の宣伝カーに出くわして、背筋がぞっとしたという。ただちに警察に通報しようと考え、ややあってから、ここは韓国ではなく日本だと、自分に言い聞かせ、ようやく気持ちを鎮めることができたという。

その話を聞いて、しばらく共産主義談議になった。わたしが、日本共産党は、北朝鮮とは違うと擁護したところ、李は、日本人は、共産主義の恐ろしさを知らな過ぎると力説し、議論になった。後にも先にも、これほど共産党を弁護したことはない。これには、戦後日本の論壇を支配していた共産主義の影響もあったのだろう。

わたしは、後述するように慶応義塾を追い出されたあと、高校の先生に相談したところ、大学だけは出ておけと言われた。お前は、高校時代は成績が良かったから、試験さえ受ければ入れてやるというわけで、古巣のよしみで武蔵大学に引き取ってもらったものの、もう勉強はこりごりの心境で、なにかを探す毎日だった。

1960年、わたしは、一度だけ安保反対のデモに行ったことがある。物《もの》見《み》遊《ゆ》山《さん》のような気分で、友人に誘われて出かけてみた。ところが、大勢のデモ隊のなかで、この友人とはぐれてしまった。わたしのほうは興味を失い、そこそこに引きあげてしまったが、翌日も友人と連絡が取れない。なんと、まごまごしているうちに、デモの最前線に押し出され、逮捕されてしまったのである。この男、卒業と同時に化学会社に就職するのだが、社長が政治道楽で、自民党から出馬することになり、社長に見こまれて代議士秘書とされ、長年にわたって勤めあげた。つまり、左翼でもない、この男やわたしのような人間でも、デモに行くような時代相だったのだ。

この項で扱う志位和夫《しいかずお》に触れるまえに、前置きが長くなるようだが、いましばらく辛抱してもらいたい。共産主義、日本共産党について、予備知識のようなことを語っておかないと、先に進めないからだ。

日本共産党には、百年近い歴史がある。1922年、ロシア革命から僅かしか経たない時期に、山川均《やまかわひとし》など8人が、間借り部屋で旗揚げしたとされ、やがて片山潜《かたやません》が加わり、しだいに拡大していった。

片山は、ソ連のコミンテルン（国際共産主義運動）に加わっていたから、本場仕込みの宣伝活動で、支持者を増やすことができた。コミンテルンは、ロシア共産党（ボルシェビキ）の呼びかけで、19の団体が加盟して結成された。その目的は、世界同時革命を目指して、共産主義者を支援しようとするものだった。さまざまな国、さまざまな組織に、細胞と呼ばれるメンバーを潜りこませ、同調者を募《つの》る。これを、かれらの用語で、オルグするという。オーガナイズ（organize）の略だろう。

この年、日本共産党は、コミンテルン日本支部として発足したのである。つまり、日本の政治史上、外国の影響のもとで誕生した唯一の政党ということになる。その主張は、天皇制・貴族院の廃止、軍隊・警察などの廃止、労働者の待遇改善、農地の解放など、後に実現するものもあり、啓蒙運動の色彩もないではなかった。しかし、非合法になったため、労働運動の形をとり、分派して政治活動に当たる人々も、増えていった。また、共産主義を標榜したまま、検挙される人々も少なくなかった。

共産主義を宗教になぞらえる専門家がいるくらいだから、この思想は、常に正統性《オーソドクシー》を保つ努力を絶やさないようにしないと、存続しえない。常に理論の純化が求められるから、党中央の公式見解から、はずれた解釈は許されない。キリスト教も、アリウス派、ネストリウス派などを、異端として追放した歴史を持っている。階級のない社会、私有財産の否定など、一見すると理路整然とした思想のように見えるが、実社会は、こうした理論だけで運営できるほど単純ではない。そもそもキリスト教の虚像《シミュラークル》(simulacre)として誕生した共産主義は、常に教義の解釈をめぐって、分派、転向、造反などに直面する。

日本共産党も同様で、戦前は官憲の弾圧などもあり、転向者、分派なども続出したため、組織防衛にやっきとなったことがある。戦前から戦後、中心人物の一人だった宮本顕治《みやもとけんじ》などは、真偽のほどは不明ながら、党内のスパイ査問《さもん》事件で、殺人を犯したという嫌疑を受けたこともある。

コミンテルン（国際共産主義運動）は、大きな拡がりを見せる。アメリカのF・D・ルーズベルト大統領は、日本嫌いで知られるが、これには、側近の隠れ共産主義者の働きがあったせいだとされる。第二次大戦のとき、老獪《ろうかい》なチャーチルは、スターリンとヒトラーの共倒れを狙ったが、ルーズベルトはスターリンを信じこんで、やがて仇敵《きゅうてき》となるソ連を支援する道を選んでしまった。北方の不凍港《ふとうこう》ムルマンスクに向けて、U《ウー》ボートの狼群作戦《ヴォルフスルーデル・タクティーク》によって膨大な犠牲をはらいながら、輸送船団《コンヴォイ》を送り続け、ナチスの攻勢に対抗しかねていたソ連に、莫大な戦略物資を届ける愚を犯してしまった。ソ連の空戦史では、ヤーク9戦闘機の活躍しか記されないが、ミッドシップエンジンを持つアメリカ製のＰ39エアラコブラ戦闘機がなければ、ナチスに勝てなかった。

やがて、第二次大戦が終わり、日本は占領される。獄中にあった二百二十名余の共産主義者は、ＧＨＱ（連合国軍総司令部）の意向で釈放された。このＧＨＱにも、リベラルを装った共産主義者がまぎれこんでいたことが、今日では明らかになっている。

ソ連のコミンテルンは、独ソ戦によって解散されていたものの、戦後はコミンフォルムという組織に模様替えして、暗躍を続ける。有名な例では、原爆の秘密をソ連に流したとして、電気椅子で処刑されたローゼンバーグ夫妻がいる。事実上の遺言ともなる弁護士宛ての書簡では、残される子供たちの立場を慮《おもんぱか》って、自分たちをファシズムの犠牲者だと訴えている。このため、世界中の人々の涙を誘い、冤罪《えんざい》説が長く語り伝えられた。特に日本では今も信じられているが、西側へ亡命したKGB《カーゲーベー》のエージェントやフルシチョフ回顧録などによって、ようやく明らかになった。ローゼンバーグ夫妻が、ソ連のスパイだった事実が、それほど巧く秘匿《ひとく》されていたということだろう。

　コミンフォルムの指令は、日本共産党への工作となって現れた。当初、合法化された共産党は、米軍を日本軍国主義からの解放勢力と規定していた。また、独自の「日本人民共和国憲法草案」なるものを発表し、現行憲法草案に関しては、この党だから天皇制の存続に反対したのは当然としても、自衛権放棄は民族独立の危機だと主張していたのだから、今から見れば、隔世《かくせい》の感がある。

　先に述べたように、共産主義は、宗教のようなものだから、プロレタリア革命という奥義は奥の院にしまっておいて、表面上は布教のため、あれこれ、おいしいことを口走る。目指す目標は、共産党の一党独裁でも、他の革新勢力とも手を結び、人民戦線なる共同歩調も辞さない。対内的には、理論を純化するのだが、対外的には融通無碍《ゆうづうむげ》で、時には食言《しょくげん》することも平気である。共産党が、憲法九条に反対していたことは、今となっては知る人も少ない。

徳田球一《とくだきゅういち》、宮本顕治、袴田里見《はかまださとみ》、志賀義雄《しがよしお》に、中国から帰国した野坂参三《のさかさんぞう》を加え、合法政党として活動することになった日本共産党は、千駄ヶ谷に党本部を置いたが、最寄りの駅が代々木であったため、通称「代々木」と呼ばれることが多かった。わたしも、ソ連SF作家を調べる目的で、この代々木本部へ一度だけ行ったことがある。

日共――日本共産党は、この代々木を本拠として、ずっと活動してきたが、必ずしも一枚岩ではなかった。冷戦構造が固まってくると、ソ連、中国などからの干渉もあり、党内の意見も割れてくる。ただ、共産主義のプロレタリア革命という路線は、いわば金科玉条《きんかぎょくじょう》であり、ゆるがせにできないという主張が支配的だったものの、占領下での平和革命もやむを得ないとする主張もかなりの支持を集めていた。

冷戦構造の中で、アメリカのマッカーサー司令部も、共産主義の脅威に敏感になり、日本政府に取り締まりを要求してきた。その結果、レッドパージと呼ばれる指令が実行に移された。公職にあった者ばかりでなく、新聞雑誌などマスコミ界からも、解雇、追放される者が相次いだ。共産党幹部の多くは、地下に潜った形になったが、一部では中国など海外へ亡命する者もでたほどだった。

コミンフォルムの指令、レッドパージなどの試練を経て、日本共産党は分裂の危機に見舞われる。こうした際、組織というものは、過激なスローガンに引きずられやすい。軍事方針が採択され、暴力革命路線に舵を切ることになる。詳しく説明するページ数もないが、練馬事件、白鳥事件など、小さな事件を重ねた末、1952年の主権回復によって、公職追放、レッドパージが解除になる。

こうして1952年、かれらが人民広場と呼びならわした皇居前広場において、いわゆる血のメーデー事件を引き起こす。ロシア革命の発端となった「血の日曜日」を再現しようと計画したにちがいない。ブルジョア階級を打倒して、プロレタリア独裁を築こうと狙ったのである。共産党員とそのシンパ、警察双方に、百名近い重傷者をふくむ数百人の負傷者を出し、死者こそ1、2名に留まったものの、大規模な騒擾《そうじょう》事件に発展した。その結果、千名を越える逮捕者を出し、数百人が有罪になった。当時、わたしは中学二年生だったが、周囲の大人たちが、共産主義の恐ろしさについて、朝鮮動乱とからめて語るのを、何度も聞いたことがある。

血のメーデーは失敗に終わるのだが、地方自治体では、人民戦線の戦略が、功を奏する。いわゆる革新自治体が、50〜70年代にかけて、多くの地域で出現するのである。

京都府の蜷川虎三《にながわとらぞう》、東京都の美濃部亮吉《みのべりょうきち》、大阪府の黒田了一《くろだりょういち》、神奈川県の長洲一二《ながすかずじ》など、まるで日本の主要都府県が、左翼系の知事に乗っ取られたたような状態だった。こうした革新自治体は、当時まだ一大勢力だった社会党と共産党の相乗りで実現したものだが、大勢を占める社会党が、共産党に引きずられるような形になった。共産党の人民戦線という戦術が当たって、まさに庇《ひさし》を貸して母屋《おもや》を取られるような状況に陥ってしまった。

東京都では、美濃部亮吉知事が、一人でも反対したら橋はかけない、という「橋の理論」なる珍妙なスローガンを掲げて、公共工事をストップし、代わって職員にはバラマキのような放漫経営を行なったあげく、都財政を傾けてしまう。

また京都では、組合専従職員が横行し、蜷川人民共和国とまで言われる暴政が、まかり通った。専従職員は、ほとんど働かなかったと、当時、京都府議で後に自民党の重鎮となる野中広務は語っている。また、日教組の共産党系の幹部が、権力を恣《ほしいまま》にしたともいう。多くの革新自治体で、職員の多くが組合活動しかしないという、とんでもない事態になった。

どうして、こんなことが可能だったかと言えば、資本主義のおかげである。当時の日本は、戦後の高度成長の真っただ中にあったから、右肩上がりで税金の自然増がもたらされていた。そのため、いくら放漫経営をしても、長らくボロを出すことがなかったのだ。やがて、70年代の末には、ほとんどの革新自治体が崩壊する。高度成長が一段落し、バラマキが続けられなくなり、有権者に真相が明らかにされたからだ。それにしても、蜷川府政28年、美濃部都政12年のツケは大きかった。後継者は、財政面、組織面など、多くの分野で尻拭《しりぬぐ》いに苦労することになった。

逆説めくが、左翼思想が論壇を支配していたにもかかわらず、日本が共産化しなかったのは、これら革新自治体のおかげだろう。また、旧国鉄、旧郵政など、左翼系の幹部が支配した組織も、日本国民を虫けらのようにしか扱わなかったため、やがて正体を暴露される。埼玉県の上尾駅では、さしも温和でガヴァナビリティの高い日本人が、国鉄職員のあまりの横暴さに暴動を起こしたほどである。ほとんどの日本人が、もう懲り懲《ご》りという気分にさせられたため、多くの左翼系の組織が崩壊するに至った。その意味では、良い反面教師になったことになる。

日本共産党は、人民の軍隊の保有を主張し、憲法九条の戦争放棄に反対した。また、中国の核兵器は防衛的なものとして、是認した。ハンガリー動乱では、ソ連軍による鎮圧を支持した。一時は、北朝鮮にも支持を表明していた。血のメーデーの失敗に懲りたのだろう、武装闘争路線の放棄を宣言し、武装闘争、暴力革命などの方針を決めたことはないと、開き直った。また、北京機関、コミンフォルムの干渉を排除し、自主独立路線を取るとも宣言している。

しかし、プロレタリア独裁は、共産主義のテーゼである。その本性を隠して、その都度、社会状況に合わせて立ち回っている。やりかたが巧妙なのである。本部の煮え切らない態度に絶望してか、折に触れて、分派行動を取り、革命路線に走る過激派が後を絶たない。多くのセクトが革命ごっこに走り、テロ行動を取る。こうした過激派について、党本部は、真の共産主義者ではないなどと口を濁すのだが、かつては、裏でつながっていた例もある。

宮本顕治の独裁が長く続いたあと、これも東大卒の不破哲三《ふわてつぞう》を経て、現在の志位和夫が委員長に就任した。志位は、千葉県の出身で東大工学部を卒業した。共産党に入党したのは、大学一年のときだったというから、いわば筋金入りの党員である。宮本顕治の長男の家庭教師を務めたことが、頭角をあらわすきっかけになったらしい。分派行動を取った党員の追放などの働きを認められて、やがて中央委員に出世する。さらに35歳の若さで党書記局長になるなど、共産党のエリートコースを驀進《ばくしん》する。１９９３年には、衆議院議員選挙に千葉一区から出馬し、みごと当選する。さらに２０００年には、党委員長に就任する。

戦後生まれの46歳の若い委員長である。

志位の経歴には、「共産党初」とつく事項が少なくない。戦後生まれ初、四十代初などはともかく、かつての共産党ではありえない初仕事をこなしている。２００６年、志位は日本共産党の指導者として初めて韓国を訪問した。かつて北朝鮮を支持するような言動が多かった共産党が、北朝鮮を見限ったわけだ。もちろん、日帝と戦った人々を称えるような行動を取るのだが、かつて小田実が訪韓しただけで、左翼陣営から叩かれたころと較べれば、進歩したと言わざるを得ない。

また志位は、２０１０年には初めて訪米している。ここでは、お得意のアメリカ帝国主義非難は引っ込めたかたちで、「独立宣言」から始まる偉大な民主主義とまで、褒めちぎる始末である。あの共産党にしては、大変な様変わりである。

また、自衛隊に関しても、かつては人民の軍隊に置き換えると主張したものだが、当面、認めるような発言もしている。天皇に関しても、かつては完全に否定していたのだが、理解を示し始めている。どうやら、ヨーロッパの白い共産主義、ユーロコミュニズムに影響されたらしい。イタリア共産党が、トリアッティのもとで穏健な政策に転換し、一定の議席を収めたことに習ったとされる。

現在では、政権獲得にも意欲を示し、野党共闘すら唱えるようになっている。かつては、当選の見込みがなくても、すべての選挙区に独自候補を立てるのが共産党の売りだったが、ここでも変節したことになる。あの共産党が、やけに物分かりがよくなったものだ。旧来からの党員、シンパなどからは、非難の声も上がっている。しかし、野党共闘が、いつ得意の人民戦線に化けるか、油断はできない。

志位は、ピアノをたしなむ初の委員長である。また、冷徹な感じのする不破前書記長と較べると、ハンサムではないが、そこらにいそうな小父《おじ》さんのイメージで、親しみやすそうにも見える。また、原発反対は引っ込める気はないらしいが、自衛隊、天皇などに関しては、認めたようなかたちである。これでは、共産党らしくない。他の野党と変わらなくなってしまう。

そもそも、共産党の存在理由《レゾン・デートル》（raison d'être）は、プロレタリア革命にあったはずだ。それを放棄してしまっては、そもそもの存在理由がなくなってしまう。

ほんとうに、志位和夫は馬鹿なのだろうか？　もしそうなら、日本国民も安心していられる。

今、日本共産党は、大きな問題を抱えている。少子高齢化は、日本国の将来を左右する大問題だが、日本共産党にとっても、致命傷になりかねない危機となっている。日本共産党が、機関紙『赤旗』の購読料に支えられていることは、よく知られている。かつては、フットワークの良い若い党員が、手弁当で走り回り、『赤旗』の購読者を増やしたものだ。中には、仕事熱心なあまり、住居侵入で逮捕された例もあった。しかし、頼みの『赤旗』も、部数は減退している。

日本共産党も、党員の高齢化に直面しているのだ。しかも、若い入党者が激減している。志位委員長は、党勢が後退していることを、今年はじめて認めた。つまり、日本社会より以上のスピードで高齢化している共産党には、時間が、未来が、残されていないのだ。かつての社会党が、零細政党に堕したいきさつについては、前に書いた。前車《ぜんしゃ》の覆轍《ふくてつ》を見て、共産党も焦っているはずだ。なにか、思い切った手を打つとすれば、今しかない。さもないとじり貧を続けたあげく、消滅の危機に直面する。

泰平にうつつを抜かしているように見せかけ、敵に油断させたうえで、大きな野望を実現しようとする例は、歴史上いくらでもある。京都祇園《ぎおん》で、遊興にふけっていた大石《おおいし》内蔵助《くらのすけ》など、実例には困らない。志位和夫が率いる日本共産党が、衣の下の鎧《よろい》を隠し、密かに爪を研《と》いでいるとすれば、日本国民としても、安心してばかりもいられまい。

第三章

東大丸暗記組が支えた戦後復興と凋落

ここまでの章では、東大出身者の悪口を書きつらねてきた。しかしながら、東大に代表される左翼知識人が、いわゆる論壇を支配する一方、大戦後の日本が、ほとんど試行錯誤なく戦後復興を果たせたのも、やはり東大組の受験秀才のおかげである。本章では、東大がらみの友人など、私の体験も交えて、東大出身者の功と罪について語ってみたい。

対照的だった友人　堤富男、高木仁三郎

本章では、私の体験も交えて語ってみたい。東大がらみでは、面白い友人が二人いた。堤《つつみ》富男《とみお》と高木《たかぎ》（旧姓石山《いしやま》）仁三郎《じんざぶろう》、いずれも群馬大学付属小学校、中学校の同級生で、同じく東大で学んだ。

堤富男のほうは、わたしの前橋の実家から、徒歩2分の場所にあった老舗料亭の息子だが、のちに通産省（現経産省）事務次官という官僚トップに昇進する。中学時代から、妙に老成したような奴で、堤という姓のため、同級生から「つうさん」と呼ばれ、慕《した》われていた。ダジャレのようだが、その「つうさん」が、やがて通産官僚になるのだから、不思議な縁と言えるだろう。女子生徒などから、人生の悩み相談まで持ちかけられていたくらいだから、人気もあり人望もあり、リーダーとしての素質は、当時から備わっていた。わたしのような一匹オオカミとは、資質が違うのだろう。中学時代から、頭角《とうかく》を現していた。

堤が退官した際、同級生でパーティを催したが、好い歳の取り方をしているという印象

が強烈だった。決して偉そうにしない、穏やかな物腰は、若いころと変わらなかった。その後は、さる公庫の総裁などを歴任したのち、民間企業の取締役に就いたという。エリート官僚を絵に描いたような人生だろう。

後に原発反対派の大御所的な存在になる高木仁三郎の家も、我が家から徒歩10分ほどのところにあり、遊びに行ったこともある。実家は私と同様に医家だった。高木の父親は、前橋市医師会で、わたしの父とも親しかったようである。また、高木の義兄も医師であり、共産党員として、地元政界では有名人だった。うちの死んだ兄が、ぼやいていたことがある。選挙の際、頼まれて応援したという。なんで、左翼でもないのに、あいつの選挙に名を連ねるのかというわけだ。地方は、地縁血縁《ゲマインシャフト》社会だから、イデオロギーで動くわけではなく、こういう義理も起こりうる。医者同士のつきあいなのだろう。

高木は、この義兄の薫陶を受けたらしい。反体制的な思想は、このころから芽生えていたようである。東大理IIに進むが、医学部ではなく、理学部へ進学する。卒業と同時に、日本原子力事業総合研究所に就職するのだが、やはり資本主義は肌に合わなかったようで、アカデミズムの世界へ転身する。東大原子核研究所の助手から都立大学助教授となり、サバティカル（sabbatical＝長期研究休暇）を利用して、西ドイツ（当時）のマックス・プランク研究所で客員研究員として働くが、帰国後に都立大学を退職する。ここで、高木のアカデミズムでのキャリアは終わりを告げる。

わたしは、高木ともそこそこ仲が良かったものの、中学生のころしか知らない。成績は悪いほうではなかったが、悪童だったわたしより目立たないほどで、堤には及ばなかった記憶がある。キレ者というわけではなく、真面目で一本気なところがある努力家という印象だった。三人とも、わりに仲のいいクラスメートだったが、わたしと二人の間柄より、堤と高木は、親友と呼べるほどの付き合いだった。わたしはその後上京してしまったが、堤と高木は、前橋高校でも一緒で、親友関係は続いていたらしい。

やがて、東大ゆかりのわれわれ三人のあいだに、奇妙な共通点、いや相違点ができあがる。それが、原子力である。高木はプルトニウム研究会を主宰し、原子力反対の論陣を張る。堤は、資源エネルギー庁の長官として原子力を推進する立場である。わたしは、未来エネルギーとして、SF小説のネタにするため勉強したくらいだから、いわば野次馬だろう。中学、高校時代の大親友、堤と高木が、まさに敵味方に分かれたわけだ。

わたしは面白い趣向を思いついて、三冊ほど本を出している縁で、文藝春秋社に連絡してみた。月刊『文藝春秋』に、同級生交歓というページがある。そのページに、三人で登場するのはどうかと、持ちかけてみた。担当者は大乗り気で、他の二人にも連絡したらしいが、結局は実現しなかった。二人のどちらかが、断ってきたせいらしい。

高木は、このプルトニウム研究会を通じて多くの賛同者を集めるようになる。原子力には、反対運動が付きものだが、高木は、一本気で真面目な男だから、プルトニウムの危険性に着目した啓蒙活動を行なっていた。プルトニウムは、長崎型原爆に使われた自発核分裂能力を持つ94番目の元素である。当時は、ウランから作られる人工元素だと考えられていたが、後に天然にも極微量だけ存在することが確認されている。

92番目の元素であるウランの場合、先に説明したトリウムサイクルで生成されるウラン232およびウラン233を除けば、自発核分裂能力を持つ同位元素《アイソトープ》は、ウラン235だけであって、天然には僅か0・7パーセントしか含まれていない。99パーセント以上が、燃えない（核分裂しない）ウラン238である。したがって、ウラン235の割合を増やしてやらないと、核分裂反応を起こしにくい。軽水炉の場合で4パーセントほど、高速繁殖炉（Fast Breeder Reactor）の場合で20パーセントほど、核爆弾で90パーセント以上に、富化《ふか》（Enrichment）して使用する。

ここで、わたしは、ふつうに使われている訳語でない単語を用いている。原子力関係では、翻訳上手で定評のある日本人にしては、誤訳もふくめて無神経な訳語が、多すぎる気がする。まずEnrichment。ウラン２３５の割合をリッチにするわけだから、濃縮などと意訳せずに、富化と直訳しておいた方が判り易いだろう。

さらに、高速増殖炉。これは明らかに誤訳である。わたしは、高速繁殖炉という訳語を用いている。Breederは、今では外来語として定着している。犬のブリーダーは、そのままパソコンでも変換してくれるが、犬を繁殖させて売る商売のこと。ブリードは、良いものを増やすことである。つまりBreeder Reactorは、繁殖炉と訳すべきだった。

一方、増殖（Proliferation）とは、癌細胞、ウイルス、細菌など、良くないものが増える場合である。ところが、本来は繁殖と訳すべきところで、増殖という単語を使ってしまったため、今度は増殖と訳すべき場面で困ってしまった。ＮＰＴ（Non-Proliferation Treaty）すなわち（核兵器の）拡散防止条約である。核増殖防止条約と訳すべきだった。拡散というと善悪の区別がなくなってしまう。核兵器のような望ましくないものが、各国で増殖してもらっては困るから、結ばれた条約なのである。

ところが、高速繁殖炉を増殖（Proliferation）と誤訳してしまったため、増殖という本来の訳語が使えなくなり、苦し紛れに拡散と訳さざるを得なくなった。わたしが原子力のP

Ａ（社会的受容）研究のため、各地の人々に聞きあわせた際、高速増殖炉とは、放射能が増殖するものだと、ほとんどの人が誤解していた。当たり前である。増殖とは、良くないものが増える場合に使う。犬が増殖するとは言わない。誰しも、そんな恐ろしいものなら、反対するにきまっている。繁殖するのは核燃料であって、放射能ではない。

こうした無神経な誤訳が、原子力への誤解と反発を招いている。どこのどいつが訳したのか知らないが、東大出の丸暗記馬鹿でなければ幸いだろう。

話が横道にそれた。高木仁三郎とプルトニウムの話題に戻そう。プルトニウムは、天然ウランのうち、燃えないウラン２３８から作られる。同位元素プルトニウム２３９、プルトニウム２４０、いずれも自発核分裂能力を有しているから、発電に利用できる。しかし、プルトニウム２３９で二万四千年、プルトニウム２４０で六千五百年という長大な半減期を持っている。しかも重金属としての毒性も強く、発癌性があり、極微量のプルトニウム核種《かくしゅ》を吸いこんだだけでも肺癌を誘発するとされる。高木の心配も根拠のないものではない。

１９７４年、インドは最初の核爆破（Nuclear Blast）を敢行したが、爆心地のタール砂漠のポカランには、燃え切らなかった（核分裂しなかった）プルトニウムが大量に残留しているため、今も立ち入り厳禁となっている。プルトニウムだけを考慮すれば、わたしも原子力には反対したくなる。ただし、発電に使う場合は、プルトニウムは、原子炉の中だけに封じこまれ、エネルギーを出しながら壊変《かいへん》（decay）していくわけだから、そのまま環境に放出されるわけではない。ただ、高速繁殖炉、プルサーマル炉など、暗礁《あんしょう》に乗り上げた状態だから、対策を急がなければなるまい。

大平正芳総理の諮問委員会「科学技術の史的展開」でも、議論されたことがある。文系の委員は、わたしと名古屋大学の飯田経夫《いいだつねお》教授だけで、他の委員は、工学系、理学系の人々だった。原発における放射線がコンクリートに及ぼす影響について、理学系の委員から危惧が示された。すると、工学系の委員は、分厚いコンクリートなど、多少は変性しても構わないと説明する。一時は、理学系の委員から原発批判の意見が噴出して、まるで原発反対集会のようになってしまったが、工学系の委員は、織り込み済みの危険だと説明する。理学系、工学系のあいだで、安全に関する考え方が違うのだ。

わたしも理系崩れだが、堂々と反対意見を言える雰囲気に感心したものだった。この経験があったから、高木仁三郎が批判にさらされたとき、わたしは書いた。もし、原発反対の意見が言えないような事態になれば、わたしは、わたし自身の意見とは異なるが、断固として高木の言論の自由を守ると、言ったり書いたりしたものである。また、わたしは、暗に某国を念頭に置いて、原子力に反対する自由のない国は、原子力発電を行なうべきでないとも、主張し続けている。

高木は六十代で亡くなるのだが、かれの主張には耳を傾けるべきだろう。わたしは、その後、さる高名な原発反対派と対談したことがあるが、すっかり感心させられた。たいへんな役者なのである。けして雄弁ではないが、ぼそぼそ喋ることで、逆に説得力が出ることを計算している。こうした原発反対業とでもいうべきタレントすら現れている。

この人は、のちに、原発と関係のないノンフィクションを書いた際、あまりにも初版部数が少ないので、激怒したと伝えられる。わたしなど、長年の作家生活で身にしみているが、本というものは、そんなに売れるものではない。わたし自身、馴染みの編集者から、原発反対の本を書かないかと、勧められたことがある。原発の危険性を扇動的に書けば、怖いもの見たさの読者心理から、よく売れるのである。

高木仁三郎は、この種のけれん味のある人間ではなかった。原子力には危険が伴うことを、生真面目に訴え続けた。推進派も、このことは、かたく心に留めなければならない。

3・11以来、反原発は、逆メシア現象の域にまで達している。人々は、原発廃止に希望を託すよう誘導されている。常識的に考えれば、原発を廃止したからといって、少子高齢化が解消されるわけでもないし、北朝鮮の核開発が止まるわけでもない。また、原発を廃止して、再生可能エネルギーだけに依存すれば、膨大なエネルギーコストの負担に喘《あえ》ぎ、日本経済が壊滅する危険すら生じるだろう。それでも、原発さえなくなれば、明るい未来が開けるがごとく、いわば洗脳されている状態なのだろう。しかし、日本の原発技術は、3・11以前は、世界最高の水準にあった。造船、半導体など、かつて日本が得意とした分野が、後発国にシェアを奪われている。このまま、世界の原子力技術を、中国や韓国に任せきって、よいものだろうか。

日本を守った国家官僚たち

ここまでの章では、東大出身者の悪口を書きつらねてきた。しかしながら、東大に代表される左翼知識人が、いわゆる論壇を支配する一方、大戦後の日本が、ほとんど試行錯誤なく戦後復興を果たせたのも、やはり東大組の受験秀才のおかげである。個人的には、通産事務次官だったクラスメート堤富男しか知らないが、大平内閣の政策諮問委員会をはじめ、多くの機会で接した官僚は、きわめて優秀な人が多かった。

敗戦によって廃墟と化した日本を復興させるためには、もっとも効率的な方法が必要になった。アメリカの言いなりになり、アメリカに追随したかのような批判もあるにはあるが、後智恵《あとぢえ》にすぎない。当時、日本のリーダーは、敗戦国というハンディキャップを背負いながらも、アメリカの要求を取捨選択している。東大に代表される官界、政界、業界のリーダーたちが、復興への情熱とビジョンを持って臨んだからである。

敗戦を終戦と呼びかえ、占領軍を進駐軍と言いかえ、日本国民に屈辱感を軽減させるとともに、アメリカに代表される占領軍に対しても、卑屈にならずに接するようにつとめた人々がいた。最近になって、再評価されている白洲次郎《しらすじろう》などは、その代表の一人である。

アメリカは、一方では日本人に戦争犯罪の罪悪感を植え付けるため、War Guilt Programを行なうものの、具体的な占領政策においては、さほど過酷な条件を課さなかった。むしろ、ガリオア（占領地域救済政府基金）エロア（占領地域経済復興基金）など、援助を与えてくれた。折からの東西関係の悪化から、アメリカの世界戦略に組み込む目的でもあったのだが、アメリカ式のキリスト教による人道主義の要素も、認めざるを得ない。

わたしの世代は、廃墟と化した国土で、食べるものにも不自由していたから、こうした援助の恩恵にあずかった時代を覚えている。また、日系アメリカ人たちが、かつての祖国を再興するため立ち上げたララ物資にも、おおいに援《たす》けられた。教室に届けられたチョコレートの味に感動した記憶がある。のちのち、日本が援助する側に立てるようになり、アジア・アフリカなど途上国に借款を与える際、巨額の資金が不明瞭な形で消えてしまう事態に直面することになるが、戦後日本の官僚は、ガリオア資金、エロア資金、ララ物資などを、効率よく公平に分配し、疲弊した国民に役立てたのである。

ただ、1950年の朝鮮戦争（韓国動乱《ハングクトンナン》）を境に、アメリカの対日政策は一変する。東西対立が顕在化したため、初期の占領政策を廃棄して、日本の再軍備を促す方針に転換したのである。まず、警察予備隊という口当たりのいい名称で、陸上部隊を整えてから、本格的な再軍備を要求してきた。当初、アメリカの要求は、地上部隊35万人という大きな規模であり、当時の吉田茂総理は、いわば値切るような形で規模の縮小に努める。戦後間もない日本に、巨大な軍備を負担する力がなかったからである。

当時、アメリカは日本との関係を、MSA（相互安全保障法）というアメリカの国内法の適応で、処理しようとした（MSA協定）。のちの60年安保では、アメリカに日本防衛義務を課すが、日本はアメリカ防衛を担わないという、いわゆる片務条約になるのだが、1953年当時は、あくまで双務的な条約だったことは、注視すべきだろう。

このMSA協定には、軍事面ばかりでなく、別な要素も含まれていた。アメリカの余剰農産物の処理という目的もあった。小麦、大麦、脱脂粉乳などが、安価で日本へ輸入され、売上の一部は再軍備に充当されることとなった。アメリカは、未だ貧しい日本が、将来的には農産物の輸出先となることを見越していたのである。わたしの世代は、アメリカ産の小麦によるパンや、脱脂粉乳の恩恵にあずかったものだが、それもアメリカの世界戦略の一部だったのだ。当時、日本人は、米を食うから頭が悪いので、欧米式にパン食にすべきだと、大真面目に力説する識者もいた。これによって、日本人の食生活は一変する。

しかし、日本の優秀な官僚は、アメリカの安価な農産物を、そのまま市場に出すことをしなかった。国内産との価格調整を図ったのである。この逆を行ったのが、韓国だった。オーストリア生まれの夫人を伴いハワイから帰国した李承晩《イースンマン》大統領は、価格介入することなく、MSA農産物をそのまま市場に出してしまった。飢えた多くの国民は、一時的には安価な食糧に喜んだものの、やがて農家が立ち行かなくなってしまった。韓国の農産物のほとんどが、日韓併合時代、禹長春《ウチャンチュン》博士（東京帝国大学卒）という種苗《しゅびょう》学者が日本から導入した品種によるものだが、安価なMSA農産物の流入で、農業が完全に崩壊してしまった。韓国の農業が再生するには、朴正熙《パクチョンヒ》大統領の新しい村《セマウル》運動の成果を待たなければならなかった。

ここまで、農業について解説してきたが、他の多くの産業分野においても、東大に代表される一流大学出身の官僚は、おおいに手腕《しゅわん》を発揮した。戦後まもない脆弱な産業基盤を、アメリカなど先進国の開放圧力から守ることは容易ではなかった。しかし、通産官僚は、日本の産業を外圧から守りぬいた。

例えば自動車だが、わたしが小学生のころ、日本の自動車普及率は、千数百人に一台というもので、三人に一台というアメリカには、遠く及ばなかった。将来、自分が自家用車を持つなどということは、夢のまた夢としか思えなかった。このように一事が万事、敗戦国日本はすべての点で、劣勢に立たされていた。誤解を恐れずに言えば、たった一つだけ利点があった。アメリカ軍の空襲によって、日本の旧式インフラが壊滅していた点である。

戦後復興のためには、インフラ整備から取り掛からなければならない。乏しい財政の中から、新規の設備投資が必要になる。老朽設備が破壊されてしまったため、新規に最新の設備を造らなければならなくなった。イギリスの製鉄業界が、19世紀に造られた旧式のトーマス転炉を、後生大事に使い続けているとき、日本は、期せずして最新式の製鉄所を造ることになった。こうして、優秀な官僚が指導し、秀才ぞろいの企業人が実行し、戦後復興が成ったのである。

先の自動車産業に、話を戻す。自動車王国のアメリカですら、かつては多数のメーカーが乱立していたが、吸収合併をくりかえし、今やゼネラルモーターズ、フォード、クライスラーのビッグ3《スリー》に集約している。ところが、狭い市場しかない日本で、トヨタ、日産、プリンス、ホンダ、三菱、東洋工業（現マツダ）、富士重工（現スバル）、スズキ、ダイハツなど、なんと9社がひしめいていた。競争力のない日本の自動車産業が、生き残るためには、せいぜい2、3社に淘汰《とうた》するしかないと考えられた。しかしながら、日産とプリンスが合併しただけで、8社が現在も健在であり、地球上の各地へ飛躍している。

また製鉄産業も、飛躍的に発展した。鉄鉱石も無煙炭《むえんたん》も産出しない日本には、製鉄業が発展する見込みはないと思われた。しかし、世界各地から高品位の石炭、鉄鉱石を輸入し、臨海鉄鋼コンビナートを築き上げ、年産一億トンという製鉄王国を完成させたのである。

官界、産業界あげて、世界中から優秀な先行モデル、原材料の産地を探しだした。これには、受験で培《つちか》われた丸暗記の才能が、大きくものを言う。かれら官僚、企業人は、世界中にアンテナを張り巡らせて、資料、文献をあさりつくし、もっとも日本に適した文化、ノウハウ、技術、システム、原料などを入手し、戦後復興に役立てることができた。先に例を挙げた製鉄に関しては、旧ソ連で開発された炉頂圧発電の技術すら採用し、徹底した効率化をはかり、日本を世界一の鉄鋼王国にのしあげたのである。

特に、通産省は、アメリカ初め、多くの競争相手国から、悪名高いMITI《ノトリアス・ミティ》（Ministry of Trade and Industry＝通商産業省）と恐れられ、基盤の弱い日本産業を守り抜き、やがて力を付けて、熾烈な国際社会の競争に討ってでるまで、時を稼いだのである。

わたしの世代は、敗戦日本がドン底だった時代から、80年代の絶頂期に至り、さらにバブル崩壊によって転落した過程を、身をもって体験している。

エズラ・ヴォーゲル著『ジャパン・アズ・ナンバーワン』やC・V・プレストウィッツJr.著『日米逆転』などがベストセラーとなり、いわば日本人が、国をあげて優越感にひたっている時代を招来した。実際、無駄に大きいばかりで、燃費が悪く、性能のよくないアメリカ車を、日本からの輸入車が圧倒する事態になり、アメリカ側の心情を忖度して、日本側が輸出自主規制するなど、同情する余裕すら見せた時代だった。

１９８０年代、日本は、かつてアメリカのお家芸だった家電、造船、自動車など多くの分野でシェアを奪取して、繁栄したのである。同時に、日本は、巨大な不動産バブルにも見舞われた。日本の土地を売り払えば、アメリカ全土が買えるとまで言われるほどで、事実、日本の企業は、アメリカの土地、企業などの買収にも乗り出し、わが世の春を謳歌《おうか》していたものだった。昭和元禄とまで称された好景気のもとで、豪華ディスコ「マハラジャ」が流行し、文化の爛熟《らんじゅく》すら見られるようになっていた。

日銀・大蔵エリート主導の「失われた30年」三重野康・土田正顕

時代は、昭和から平成に移った。あの時代のバブル現象が、はたして望ましい状態だったかどうか、意見の分かれるところだが、望ましくないとする勢力が、俄《にわ》かに行動に出た。不動産価格の高騰は、表面的には、失政の面だけが強調されがちである。庶民の持ち家が遠のいたとする批判は、いかにも説得力を持っている。

三重野康《みえのやすし》が日銀総裁に就任すると、金融引き締め政策を実行し、庶民からは「平成の鬼《おに》平《へい》」とまで称賛された。江戸時代の火つけ盗賊改めの頭《かしら》、長谷川平蔵《はせがわへいぞう》こと鬼平が、もろもろの悪と戦ったことに擬《なぞら》え、異様なほどの土地高騰からバブル現象を退治する庶民の味方として、人気を博したわけである。しかし、これは、単なる人気取りに終わったばかりでなく、日本経済を破滅へと導く第一歩となる。

一方、日銀と呼応するかのごとく、大蔵省（当時）側からも、ある手が打たれる。橋本龍太郎蔵相のもとで、銀行局長の土田正顕《つちだまさあき》は、不動産関連融資の総量規制の通達を出して、バブル規制に乗り出した。これまた国家権力の介入によって、強引にバブルを止めようというのだから、いかにも乱暴な手段である。

日銀、大蔵省の双方からの急激な措置によって、バブル景気は、あっというまに崩壊した。バブル景気の是非については、各論あるものの、これら荒療治が、日本経済に与えた打撃は、その後の30年にもわたる苦難を招来することになる。

経済は生き物であるという。妙に人為的に手を加えれば、角を矯《た》めて牛を殺す結果につながりかねない。高度成長期の東大組は、そのあたり自由主義経済の手綱の取り方を、よく心得ていた。時折、目に余る場合は行政指導に出るものの、自由主義経済の基本である放任主義《レッセ・フェール》（laissez faire）を旨《むね》として、踏み外すことなく政策立案にこれ努めてきた。

ところが、日銀も大蔵省も、国家権力の統制のもとに、日本経済を隷属させようと俄かに試みたのである。官僚主導、日銀主導で、権限の拡大を図ったせいもあろうが、そればかりではない。これは、いわば社会主義的な政策である。

三重野にしても、土田にしても、東大出である。かれらが、これらの施策を強行した背景には、戦後の東大を牛耳っていたマルクス経済学派の影響があったのだろう。前章で坂本義和、菊地昌典などを例に挙げたが、これら左翼リーダーはいわば氷山の一角であり、多くの左翼知識人が、マルクス主義を標榜し、純粋な学生に伝授していた時代だった。マルクス主義経済学を暗記すれば一生、食うに困らないとまで言われたものだ。対する近経派、近代経済学派は、いかにも旗色が悪かったのである。もちろん、学問として、マルクス・エンゲルスの思想や唯物史観を教えることは、言論の自由、思想の自由の範囲内であり、何ら問題はない。しかし、こうした思想が国家の経営に安易に援用されたことが問題なのである。

こうしたマル経で育った東大組が日本経済を動かすのだから、政策は社会主義的なものにならざるを得ない。日銀と大蔵省が手を組んで、計画経済を志向しようとした、一種のクーデターだったのかもしれない。

しかも、この暴挙によって、日本経済は、壊滅的ともいえる大打撃を受けた。バブルの是非は、ここでは論じないとしても、いわば猛スピードで走っている車に、急ブレーキをかけるようなものだ。さしも繁栄を誇った日本経済も、あっというまに転覆してしまった。

それから、失われた10年という時代が続くのだが、10年どころではない。その後も経済はずっと、回復しないままである。日銀の無策どころか、いわばデフレシフトとでもいうべき施策が、すべて裏目に出たせいである。問題は、21世紀まで持ちこされる。

日本経済に致命傷を与えた　白川方明

第一次安倍内閣が倒れたあと、福田内閣のとき、次期日銀総裁の人選が、話題に上った。自民党は、現在オリンピック組織委員会の事務総長を務める武藤《むとう》敏郎《としろう》を推したのだが、野党の反対は大きかった。他に、ＯＥＣＤの副事務総長の重原《しげはら》久《く》美春《みはる》も候補に上っていた。実は、この重原もわたしの群馬大学付属小中学校の同級生で、市内を流れる広瀬川をはさんで、わたしの実家の対岸に住んでいたため、よく行ったり来たりした仲である。特に、国際的な評価の高い重原は、海外の多くのエコノミストから推されていたものの、国内的には知られておらず、支持を得られなかった。

しかし、これら有能な候補は野党の反対で受け入れられず、副総裁だった白川方明《しらかわまさあき》の昇格が決まってしまった。白川は、日銀トップに就任するや、本人は否定するものの、実質的にはデフレ政策を採った。金融緩和には消極的で、インフレ懸念は、恐怖心に近かった。白川が日本経済の舵取りをした２００８年〜13年の5年間、バブル崩壊後の低迷に、さらに拍車をかける方針に固執し続けた。２０１２年のワシントン講演では、「中央銀行の膨大な通貨供給の帰結は、歴史の教えに従えば、制御不能なインフレーションになる」と強調している。

人類史上初のハイパーインフレは、13世紀、モンゴル人の元王朝皇帝フビライハンの時代に発生した。ペルシア人の宰相アーマッドが、兌換性《だかんせい》のない交鈔《こうしょう》（紙幣）を乱発したことから、元末まで続くインフレを招き、元王朝滅亡の一因となった。しかし、時代も環境も違う。現代日本で、同様のハイパーインフレが発生する可能性は皆無だろう。

白川の評価はさまざまだが、国際的には、きわめて低い扱いとなっている。台湾の経済誌は、無能だと酷評しているし、ウォールストリート・ジャーナルは、世界の中央銀行のリーダー中、最下位の評価を下している。

また、ノーベル経済学賞の受賞者ポール・クルーグマンに至っては、日本のGDPが下がりっぱなしになっている事態を重く見て、名指しは避けながらも、こう極論している。「日銀が重い腰を上げないと言うなら、（そのトップを）銃殺にすべきである」。銃殺とは穏やかでないが、もし北朝鮮なら、あの張成沢《チャンソンテク》を粛清《しゅくせい》したときのように、単なる銃殺どころではなく、高射機関砲を用いて跡形も残らないように処刑するところだろう。

白川のインフレ恐怖症によって日本が低迷を続けているあいだに、アメリカでは、FRB（連邦準備制度理事会）のバーナンキ議長のもとで、大胆な量的緩和策が採られた。その結果、アメリカは、マネタリーベースで五倍のマネーサプライを実施したことになる。一方、中国は、さらに大胆に、7倍のマネーサプライを行なっていたという。日本だけが、旧態依然として緊縮政策を採っていたのだから、円高不況デフレが進行したのも当然だった。日本経済は、失われた10年どころか、30年に及ぶ不況にあえぐことになった。譬えていえば、低血圧の患者に、高血圧が怖いからといって、血圧を下げる薬だけを処方するヤブ医者にかかっていたようなものだ。

白川は任期満了を待たずして退任するものの、すでに遅きに失した。後を受けた黒田東彦《くろだはるひこ》は、アジア開銀の総裁などを務めた金融財政のベテランで、2パーセントのインフレターゲット、ゼロ金利、金融緩和などの施策をもって臨んだものの、所定の成果は未だ出ていない。極端な円高、それに伴う不況など、白川と民主党政権の負の遺産は、少しばかり解消され、景気も上向いているものの、やはり致命傷に近かった傷は癒えていない。

東大出の丸暗記秀才の限界が、この一事をもってしても明らかである。インフレは悪だと暗記してしまった。丸暗記したデータにない想定外の事態には、臨機応変な対応ができないのである。先行《せんこう》するモデルがある時代は、こうした受験秀才の丸暗記能力がものを言ったわけだが、日本がトップに躍り出た今、かえって重荷となってしまった。現在のようなネット社会では、いちいちデータを丸暗記する必要性は薄れている。検索の方法さえ知っていれば、いつでもデータを利用できる。

受験勉強の丸暗記では、独創性（originality）、創造性（creativity）、想像力（imaginativeness）は育ちようがない。かつての成功体験が、のちの失敗の原因となることが、しばしば指摘される。日本が、世界のトップランナーとなった現在、現行の受験制度が、いわば制度疲労を起こしてしまったのだ。新しい時代の異能の秀才を選び出す方策を講じないかぎり、日本の低迷は終わらないだろう。

第四章

「選ばれた」と錯覚させる受験勉強からの脱却

現行の受験制度が、時代遅れの制度疲労にさらされ、いわゆる受験秀才の中に、使い物にならない逸材（？）が現れていることが、ようやく問題視されるようになった。

なぜ、そうなるのか？　かつての秀才たちが、大学に入るという意思に乏しかったからだ。みな、大学に入れてもらう、あるいは入れていただくための準備しかしていなかった。このわたし自身も受験馬鹿だったから、よく判る。

わたしの受験勉強

1957年、今から60年以上も昔の話だが、わたしは、東京大学理科II類の入学試験に合格した。受験番号は、41338番だった。なぜ、そんな昔の受験番号を覚えているかというと、年号の暗記に使うような語呂合わせをしたためで、「良い耳屋《41338》」と覚えたのである。ちなみに、我が家は、耳鼻咽喉科の町医者である。父の宗作《そうさく》は、京都帝大を卒業した医学博士で、アマチュア俳人ながら、高浜虚子《たかはまきょし》先生門下で、群馬ホトトギス会を主宰していた。わたしも、小学生のころ、我が家に逗留《とうりゅう》されていた虚子先生に、自作の俳句を添削していただいたことがある。いま思えば、贅沢《ぜいたく》な体験だった。

生まれは前橋市で、群馬大学付属の幼稚園、小学校、中学というコースへ進んだ。国民学校に入学したのは1945年だから、最後の世代ということになる。しかし、戦況が悪化して、祖母が住んでいる栃木県の鹿沼市の郊外へ疎開《そかい》し、そこで終戦を迎えた。

前橋へ戻ってまもなく、国民学校という呼称は廃止になり、小学校に変わった。中学までは、手のつけられないイタズラ者だった。成績は上のほうの五分の一くらいには入っていたものの、もとより優等生ではなく、学級委員など仰《おお》せつかったことはない。

高校は、旧制の七年制高校の伝統を持つ中高一貫校の私立武蔵高校に、上京し編入試験を受けて入学した。当時の武蔵高校は、麻布、開成とともに、私立の御三家と呼ばれた受験校ではあるが、わたしの高一の成績は、130人足らずの学年で60番ほどで、いくら武蔵高校でも、東大合格ラインにはほど遠いものだった。

受験校とはいえ、ぎすぎすした校風ではなかった。旧制高校の伝統を受け継ぐ蛮カラなところもあり、ふたつの寮があって地方出身の学生に供されていたが、父親の地方転勤で入寮してきた東京出身者も少なくなった。寮は、双桂寮、愛日寮の二つで隣り合わせに建っていて、真ん中に共用の食堂、風呂などの棟がある。わたしは、愛日寮に住んだ。愛日とは、愛国と関係があると考えたのだが、漢文の内田先生から教えられた。愛には、ラブの意味のほか、惜しむという和訓もあるという。つまり日を愛《おし》んで勉強しろ、というスローガンから、愛日寮と名付けたのだという。

寮生活は、それなりに楽しかった。もともと秀才とは縁遠かったから、親元を離れた高校生活で、することは沢山あった。寮の隣が体育館だから、深夜、勝手に電気を点けて、バスケットの練習をして、運動不足を補う。受験校の武蔵だが、バスケットは全国の十指に入る強豪校だから、いわば校技のようなもので、バスケット部員でなくても、それなりに、全校生徒が楽しんでいたのだ。近くの蕎麦屋も、本屋も、常連客になった。馴染みになった。勉強のほうは、さして意欲もなく、適当にやっている程度だった。

旧制高校ということから、妙な伝統も残っていた。いかにも昔風の短音階の寮歌は、寮生には必須課目なので、すぐ覚えた。三年生の一人が寮長を務め、伝統の遺物を受け継ぐ決まりになっていた。弊衣破帽《へいいはぼう》に象徴される蛮カラは、死語だろうから、若い読者向けに説明しておくが、昔の学生用語で、ハイカラの逆だという。つまり、粗末で粗野なポーズで生きていることである。今で言えば、ダメージジーンズを穿《は》くようなものだ。

実際、汚い学生帽、破れたマント、高下駄などが、前の寮長から引き継がれた。学生マントというのは、尾崎紅葉の名作『金色夜叉《こんじきやしゃ》』で、主人公の貫一《かんいち》が着ている衣装と同じものので、明治大正の流行である。今では、舞台でもなければ、見られない年代物だ。わたしも、高3のとき寮長を引き受けさせられ、三種の神器みたいな宝物を受けとったが、さすがに、このマントだけは着てでかける勇気がなかった。

月に一回、コンパをやった。男子高だから、同じ寮生だけの集まりで、もっぱら食うだけだ。すき焼きがメニューだった。ここで、カルチャーショック。わたしが生まれた群馬県では、すき焼きは、豚肉でするものだった。戦後まだ間もないころ、田舎では食用の牛は飼われていなかった。みな農耕用の家畜だから、老いて働けなくなった牛だけを食うことになるため、牛肉は硬くて不味《まず》く、安い肉でしかなかった。牛肉が、こんなに美味いものだと、東京へ来て、初めて知った。同様の感想を、同郷の糸井重里《いといしげさと》が、エッセイで書いている。

学校の前の神社は、広い境内が森のようだったし、校庭そのものが、自然のままだった。広いグランドの外れのほうは森になっていて、日暮らしの森と名付けられている。また、校庭の中には、薄川《すすきがわ》という小さな川が流れている。外は名物の練馬大根の畑ばかりだった。田舎とは言え、前橋市の中心地から来たわたしは、緑豊かな武蔵野の自然を満喫する日々を送ることになった。

こうして、成績は、あまり芳《かんば》しくなかったものの、わたしは、寮生活を楽しんでもいたのだが、それも長くは続かなかった。思いがけない不幸に見舞われた。ここで運命が急変した。

医師になりかけていた同じ武蔵高の先輩でもある兄が、とつぜん脊髄腫瘍《せきずいしゅよう》を発症し、寝たきりになってしまった。わたしも、上京してきた父親とともに、東大病院に入院中の兄を見舞ったものである。その年の暮れ、父が急死してしまった。死因は急性心臓衰弱という病名だったが、忙しいあいまを縫《ぬ》って上京した看病疲れのうえ、手術が続いたので、今でいう過労死である。医師の過重労働は、今も大きな問題になっている。

親族会議のようなことになり、医師の叔父なども加わり、わたしを跡継ぎにすると決まってしまった。ここで人生が狂った。生来、粗忽《そこつ》でずぼらな性格である。医師になど、なれるわけがない。また、秀才の兄貴がいたから、医師になろうなどとは、一度も考えたことがない。

ところが、一家の命運を背負って立つかのような錯覚と悲壮美に取りつかれた。個人的には悲劇だが、期せずして受験のため虚仮《こけ》の一念を貫くモーティベーションが、ひとりでに調《ととの》ってしまったことになる。若気のいたりで、愚かなことをしたと思う。

そもそも、いわゆる受験で試されるのは暗記力だけであって、本当の知性ではない。わたしは、理屈のつくことは覚えられるのだが、丸暗記は苦手だった。しかし、やるしかないところへ、追い詰められた。いや、自分で自分を追い詰めたのである。昔から、家内に買い物を頼まれると、四つ以上だと、かならず一つは忘れるくらいだから、丸暗記の適性には欠けていたのだろう。

世間でも誤解されているが、大学受験は、しばしば、人生の目標であるかのように扱われ、目指せゴールなどというスローガンのもとで、美化され奨励《しょうれい》されたりするが、大学受験などゴールでもなんでもない。単なる人生の一局面でしかない。最近では、小学生の息子に受験勉強を強要したあげく、とうとう刺殺してしまう父親すら現れ、受験ハラスメントという言葉すら登場する始末である。

しかし、大学受験だけに明け暮れしてきた当人は、世間常識もないし、スポーツや趣味も皆無だし、他に誇れるものがない。そうなると、有名大学というブランドだけに執着し、妙なエリート意識だけが肥大してしまう。ここが、大問題なのである。

わたしは、受験勉強に溺《おぼ》れて、人生を誤った。もう少しマシな人なら、女に溺れてとか、ギャンブルに溺れてとか、もっとかっこいい理由で人生を誤るところだが、受験勉強に溺れてしまったのだから、しまらない話である。今から60年以上も昔の話だが、今も一向に改善されない受験という問題を、敢えて取り上げるケーススタディとして、多くの読者に読んでもらいたい。

しばしば、受験地獄などという言葉が、マスコミを賑わすことがあるが、あれは、真剣に受験勉強をやったことのない人が、創りだした造語だろう。受験にのめり込むと、ものごとを相対化して考えられなくなる。つまり、受験しか、なくなってしまうのである。その結果、他に楽しみを知らない高校生にとっては、楽しいとは言わないまでも、それだけが至上の生き甲斐、目標になってしまい、ほかの価値観が持てなくなる。地獄どころか、極楽に等しい異常な心理に陥ってしまうのだ。

いわば、暴走族のようなものだろう。かじりつく対象が、バイクのハンドルか、勉強机かの違いだけで、似たような心理状態ではないかと思う。後にバイクは大好きになったが、実際に暴走族をやったことはないから想像でしかないが、模擬試験の成績が上がるのは、白バイから逃げおおせたような快感に相当するのではないだろうか。

成績が良くなると、親は再評価して、喜んでくれる。教師は一目置いてくれる。クラスメートは、尊敬の目で眺めてくれる。これが、一種の習慣性を伴う快感になってしまい、麻薬のように作用して、成績を落とすわけにはいかなくなる。いわば受験依存症のような奇妙な状態に陥ってしまう。しかも、当人は、大学受験しか眼中にないから、それが異常な状態だとは、露ほども考えない。

本当に優秀な学生なら、教師の説明が間違っているとか、教科書、参考書の記述に納得できないなどと、疑問を持つ瞬間があるはずである。しかし、そうした疑問、問いかけに煩わされているようでは、受験には合格しない。ひたすら虚仮《こけ》の一念を貫いて、丸暗記に励まなければ、合格しない仕組みになっている。

武蔵高校は、確かに受験校だったが、ぎすぎすした校風ではない。受験中毒のようになったのは、わたしの選択であり、学校のせいではない。勉強が厳しいので、高校ながら毎年数人は落第する。しかし、そうした人を軽蔑するような偏見はなかった。高1のとき、2年も落第した18歳の同級生が威張っていた。おまえら無理だが、おれは18歳だから、親の許しがあれば、結婚だってできるんだぞ！　十代では2歳の年齢差は大きいから、この男、妙に世なれたようなところがあり、それなりに尊敬されてもいたのだ。

今にして思えば、先生方が、実に魅力的だった。学期ごとに模擬試験を行なってくれた。東大レベルの出題で8課目の問題作成だけでも、たいへんな労力を要するわけだが、先生方は、熱心に取り組んでくださった。現在も、業者に委託するかどうかなど、学業の能力検定は、大問題になっていて、いわば政争の具にすらされている。武蔵高校では、各課目を、自前で作成した問題で、模擬試験を続けていた。

当時は、東大など国立大学の受験には、文系、理系を問わず、8課目が必須だった。わたしは、数学は解析Ⅰ、解析Ⅱ、社会は人文地理、世界史、理科は生物、化学、それに国語、英語で、入試に備えることになった。

その後の人生で、日本古代史を扱った作品を、少なからず書くことになるのだが、日本史は選択しなかった。なぜなら、日本史の授業が面白すぎたからである。日本史の担当の島田先生は、大化の改新を、クーデターと説明してくださり、丸暗記ではない時代の動きのダイナミズムを教えてくださった。学問とは、受験勉強と異なり、面白くなくてはいけないと気付くのは、ずっと後のことである。その時は、面白すぎることが、いけないことだと思いこんでしまい、日本史に拒否反応を示してしまったのだ。

人文地理などは、いわば教科書どおりの丸暗記だったが、今にして思えば、なんの役にも立たない。鉄鋼産業が起こるのは、鉄鉱石、石炭の産地と覚え、地名の例を暗記するのだが、間違いもはなはだしい。日本は、石炭も鉄鉱石も、自前では賄《まかな》えない。そこで、世界中から安価で品質の良い原材料を選んで輸入し、臨海コンビナートのかたちで、内陸へ輸送するコストをはぶき、やがて世界一の製鉄王国を築きあげる。

また、日本は、スイスのように水力発電で未来を築くべきだと教えられ、そのケーススタディとして、アメリカのＴＶＡ（テネシー川流域開発公社）というニューディール政策の一環として行なわれた事業を、学ばせられた。しかし、のちに自然破壊という見地から批判が続出することになる。つまり、嘘ばかり教えられたことになる。

日本でも、佐久間ダム（天竜川水資源開発）が有名だが、映画『黒部の太陽』が大ヒットした時代までの価値観だろう。有名な黒部ダムだが、数平方キロの緑を人工のダム湖に水没させ、二百人近い工事の死者を出したあげく、しかも最新の原発の4分の1の電力しか生み出せない。現在の価値観では、こうした乱暴な事業は、許容されないだろう。もっとも、ひとつの観光名所を創出したと考えれば、それなりの意味はあるだろう。

英語の横井先生も、名物教師だった。問題を出して、生徒を一人ずつ当てていき、答えられないと、バカ助と怒鳴りつけるというユニークな授業だった。わたしなど「豊田、おまえも、バカ助か。おまえの兄貴は、優秀だったぞ」とまで言われた。その時は、秀才の兄貴と同じ高校へ進んだことを、後悔したくらいだった。今なら、ハラスメントだと非難されるだろう。しかし、愛情がこもっているし、丸暗記でない英語の考え方を教えていただけたから、人気があった。

横井先生から教えられた英語の考え方で、今も覚えていることがある。通常、動詞の過去分詞を形容詞的に使う場合、受身の意味になることは、よく知られている。期待された《エクスペクテッド》

(expected) など、いくらでも例を挙げられる。横井先生は、-ableが付く形容詞も、受身（受動態）で考えてから意味を取れと教えられた。ふつうunderstandableなどという単語は、辞書では理解できると訳されているが、受身で考えろというわけだ。理解されうると直訳しておいてから、考えるべきだそうだ。確かにeat（食べる）などの場合は、edible（食べられる）と受身で訳されているが、他のケースではそうなっていない。

あるとき、さる国会議員が、日本人もガヴァナビリティを高めないといけないと発言して、英語の判る人から批判された。なんでも片仮名語を混ぜれば、偉そうに聞こえるという批判ではない。わたしも、横井先生から教えられたおかげで、すぐさま誤用だと気付いた。governableとは、統治できるという意味ではない。統治されうる、つまり御《ぎょ》されやすいという意味なのだ。ただでさえ順法精神が高く、自省的な日本人が、さらにガヴァナビリティを高めたりすれば、とんでもないことになる。

しかし、なんだか、今ではこの誤用のほうが、和製英語として定着してしまったようだ。自衛隊のガヴァナビリティという記事に出会った。こういうときは、ガヴァナンス(governance) というべきだろう。

わたしの成績は、だんだん上がっていった。最も得意だったのは、数学だった。解析I、解析IIなどは、十点法で10。また、化学の計算問題など、間違えたことがなかった。それに反して、やや苦手は、国語だった。文法、古文、漢文は、なんとかなるのだが、現代文の鑑賞《かんしょう》問題には、手こずった。マークシート方式で、正解とされる項目ではないほうに、丸を付けてしまう。性格がひねくれているせいかもしれない。

どうやら、理系のほうの才能がありそうだと、初めて判ったのだが、それが、かえって良くなかった。なにがなんでも医学部に入らなければならないと、すっかり思いつめてしまう結果につながった。しかも医学部へ入ることが、最終目的のように錯覚しているから、医者になった自分を想像することもできなくなっていた。

ただ、入試で選択しない課目はさぼっても、先生がたも心得たもので、大目に見てくださった。物理の上田先生は、わたしが授業中にエスケープしているのを、承知しておられた。あるとき、階段教室の後ろのほうから飛び降りた。運悪く、下にトタン板が置いてあったので、大音響。次の授業のとき、出欠だけ取ったあと、逃げ出そうとしたところ、上田先生に呼びとめられた。「豊田、今日は、もっと静かに出ていけ」。なにもかも、お見通しだった。上田先生は、物理の授業をさぼって、校庭の片隅で英単語など暗記しているのを承知で、ぎりぎり合格点をくださった。幾何の秦先生も同様で、わたしが幾何を選択していないことを知って、さぼっても寛大に扱ってくださった。

　時間は、いくらあっても足りなかったが、そのころ、わたしが受験勉強のほか、たった一つだけ行なったことがある。東京大学、慶応義塾のキャンパスを見にいったのである。東大は、駒場、本郷の二か所だが、慶応は日吉、三田のほか、医学部のある信濃町の病院にも、出向いてみた。

　いまなら、大学側も、オープンキャンパスなどの機会をもうけて、受験生が訪れるのを待つ制度が、一般化しているが、当時は、そうではなかった。わたし以外に、これから受験する大学を見にいったという人は、あまりいなかったと思う。また、東大や慶応義塾の学風、沿革、施設なども、あらかじめ調べておいた。わたしは、人生の6年間（医学部）を託すことになる場所だから、どういう大学なのか知っておきたいと、好奇心を発揮しただけなのだが、むしろ少数派だったようだ。

　受験を間近に控えた最後の模擬試験では、2番になった。ちなみに1番は、今も現役で癌研有明病院の名誉院長として活躍する武藤徹一郎《むとうてついちろう》だった。武藤はすごい奴で、東大出ても悧巧は悧巧という口だ。人間的にも素晴らしい奴で、わたしも前立腺がんの手術で入院させてもらったから、命の恩人でもある。

わたしは、東京大学理科Ⅱ類（当時、理科Ⅲ類は、まだなかった）と慶応義塾大学医学部しか受験しなかった。当時、国立大学は、一期校、二期校と分けられていたため、二校受験できたから、たいてい東大理Ⅱ狙いの受験生は、二期校の東京医科歯科大学も受験するのだが、馬鹿な見栄から、医科歯科大は受験しなかった。二期校という名称が、いわゆる滑り止めのようにしか思えなかったからで、もちろん、わたしの錯覚である。東京医科歯科大は、東大医学部に匹敵する立派な大学だが、当時のわたしが、いかにバランス感覚に欠けていたかの例証になる。結局、どちらも合格し、慶応義塾に入学した。

なぜ、東京大学に入学しなかったかというと、いくつか理由がある。慶応義塾のほうは、受験番号４７６だった。東大の「良い耳屋《41338》」と異なり、４７６年はローマ帝国の滅亡の年だから、あまり縁起が良くない。定員80人で、30倍以上の倍率だったという。合格発表を見に行ったところ、慶応義塾は、当時からプライバシー保護のためか、番号しか発表しなかったのだが、わたしの４７６番は見当たらない。一瞬だが、自殺も考えた。あれほど受験一色で過ごしたのに、落ちたでは済まされない。

その後、日吉にある年長の従兄の家で、ある朗報を聞くことができた。わたしは見落としていたのだが、従兄が見に行ってくれたところ、最後に補欠の番号が張り出されていて、そのトップのほうに476があったという。たいていの受験生は、東大と兼ねているため、合格者のうち、多くが国立の東大を選ぶから、補欠でも繰り上がり入学できるという。

　母の実家にあたる従兄の家は、その昔、祖父が福澤諭吉《ふくざわゆきち》先生に直訴して、入塾させてもらったほどの慶応一家で、当主の従兄が、弟たち、従兄弟たちを下宿させるため、わざわざ日吉に家を買ったほどなのだ。

　わたしは、慶応の補欠発表が出る前、仕方なく東大の入学手続きに行った。面接と身体検査を受けるためだが、冬の寒いさなかに、延々と行列して戸外で待たされた。わたしは、係員に抗議した。奴隷ではないのだから、どこか屋内へ入れてくれと要求した。しかし、他の学生はおとなしい。ひたすら従順に待つだけである。大学のキャンパスは、春休みだから空いている。寒空の下で風邪でも引いたら困る。どこかの教室へ入れてくれと頼んでみたが、横柄に拒否された。

　以前に訪れたときも、なにか暗い印象だったが、さらに印象が悪くなった。いかめしい安田講堂は、どうにも気にいらなかった。古びた建物は、封建制の牙城《がじょう》のように映った。大学にも相性というものがあるだろう。どうも、この大学は、わたしには合いそうもないと思いはじめた。

面接では、担当の教員が、入学したあかつきには、お前らの面倒をみることになるが、なにやらの研究をしているとかで忙しいのだが、学生に時間をさいてやるのだと、恩着せがましいことを言う。今も昔も、こういう偉そうにする手合《てあい》は、性分に合わない。

まえに日吉、三田、信濃町など訪れたとき、学生の生き生きとした雰囲気を感じたものだが、東大では、それが感じられなかった。東大が立派な大学だということは、あくまで世間の風評である。だが、私は、そうは感じなかった。だんだん、この大学には入学したくないと、思いはじめた。

ほかにも、条件的な問題があった。当時、理科Ⅱ類は、医学部ばかりでなく、理学部、薬学部などの教養課程になっていたから、2年後に医学部に入るため、学部試験を受けなおさなければならない。理Ⅱの全員が医学部志望ではないが、多くが学部試験に臨む。そこで落ちて、翌年に期待する学内浪人という人々もいたほどだった。2年間、懸命にやれば、医学部へ行ける自信がないわけではなかったが、さらに2年も、受験勉強をやれば、息が詰まってしまうと実感した。また、学部試験で落ちてしまったら、医師になるのが遅れるわけだから、我が家の事情が許さない。父が死んでから、豊田医院はよそから雇用した医師に託して、閉めないでいたから、遅れは許されない。

結局、慶応義塾の補欠発表待ちということになった。私立大学の場合、合格発表と同時に初年度納入金を払わなければならなかったが、そこは国立大学の鷹揚《おうよう》なところだろう。ただちに東大から入学許可証と学生証が送られてきたものの、入学金を督促《とくそく》されることはなかった。今さら、この歳をして、学歴詐称などと言われたくないから、事実だけを書いておいたが、東大にも入学したことになっていたのだろうか？

結局、間もなく慶応義塾から合格通知が届き、すべて解決した。しばらくは、二重学籍になっていたらしい。東大のほうの辞退届をさぼって出さなかったからだ。

東大に入学してやらなかった理由は、整理すればこうなる。大学の学風が、性に合いそうもない。2年もさらに受験勉強をしたくない。学内浪人は許されない。補欠で合格したから、難しかったほうの大学に入りたい。

わたしが慶応義塾に入学した直後、兄守国《もりくに》の手術が行なわれた。腫瘍は、脊髄そのものではなく、脊髄液の中で増殖し、脊髄を圧迫していたため、身体の麻痺が起こった。運よく脊髄そのものに異常はなかった。現在と異なり、当時は検査技術が発達していなかったから、開けてみないと（手術してみないと）、判らなかったのだ。腫瘍を取り除く手術からいくらも経たないうちに、兄は歩けるようになり、奇跡的に全快の見通しが立った。

私ごとながら、兄はその後、全快して、豊田耳鼻咽喉科医院を継ぎ、一昨年87歳の天寿を全うした。こうした経緯を教えられていたせいだろう。よくしたもので、娘2人とも、つまりわたしの姪たちは、東京女子医大を卒業して、やがて医師になった。

はっと我にかえると、ようやく正気を取り戻した。どう考えても、医師になどなれるわけもない。また、秀才の兄貴がいたから、医師になろうなどとは、これまで一度も考えたことがない。受験勉強中も、なにがなんでも医学部に合格しなければならないと思いつめていたものの、そこから先、つまり医者になろうとは一度も思わなかった。兄貴の全快の見通しが立ったからには、ワンポイントリリーフは、そろそろベンチに引っ込むべきだろう。

結局、慶応義塾は、追い出された。その後の人生で、慶応義塾の悪口は、一度も言ったことがない。医学部でなければ、卒業したかった魅力的な大学だった。追い出されたのは、自分が悪いからで、後で悪口を言うくらいなら、追い出されないようにすれば良かっただけの話だ。慶応義塾と違って、東大は、わたしが入学してやらなかった大学である。東大には、なんの恩恵も受けていない。したがって、いくらでも悪口を言う権利があると思う。

東大という虚名に踊らされた人々

現行の受験制度が、時代遅れの制度疲労にさらされ、いわゆる受験秀才の中に、使い物にならない逸材（?）が現れていることが、ようやく問題視されるようになった。

なぜ、そうなるのか？　かつての秀才たちが、大学に入るという意思に乏しかったからだ。みな、大学に入れてもらう、あるいは入れていただくための準備しかしていなかった。自分から大学へ入るという積極性が欠けていたのである。したがって、東大を頂点とする有名大学に入れていただいたとたんに、エリートへの特急券を授けられたかのように錯覚してしまう。

つまり、自分が選んで大学に入学したという意識が皆無で、大学に選ばれたとしか考えないから、すべて選んだ側の責任であるかのように錯覚することになる。

わたしの世代では、これから受験するつもりの大学について、その沿革や、得意分野などを調べたり、あるいは、実際にキャンパスを訪れたりした人間は、ほとんど皆無だったろう。みな、有名大学という虚名《きょめい》だけを妄信して、入れていただく準備に汲汲《きゅうきゅう》としていたわけだ。だからこそ、入れていただいた瞬間に、パスポートを授けられたかのように、錯覚するのだろう。

こうした歪んだエリート意識が如実《にょじつ》に現れたのが、私の世代ではいわゆる東大紛争で、1968年に始まる。東大闘争とも呼ばれるが、一時は、名物の安田講堂すらも学生に占拠される有様で、対する大学側が機動隊を導入したことから、さらに泥沼化していった。

学生が体制に反逆するのは、いわば若者の特権のようなものだから、それなりに許容できる。当時、フランスのカルチェラタンから始まった学生運動のトレンドは、世界に広まっていた。

東大紛争の発端となったのは、いわゆる研修医の待遇問題である。医学生は、膨大な先行教育投資を必要とする。医学部6年、インターン1年、大学院数年、その後は無給医局員として、大学病院に勤務するなどしないと、一人前の医者になれない。今では、やや改善されているらしいが、それでも時折マスコミを賑わすトピックになる。

医学部の教授の診察は、大名行列と呼ばれるほどの権威に支えられていた。助教授、講師、医局員、看護婦などを引き連れて、病棟を回る有様が、大名行列に見えたわけだ。こうした医学部の封建制は、山崎豊子《やまさきとよこ》のベストセラー『白い巨塔』でみごとに描かれ、たびたびテレビ化されて、広く知れ渡るようになった。

話が飛ぶようだが、東京医大の不正入試がマスコミを騒がせたのは、つい最近のことである（女子や浪人年数の長い受験生の得点を一律に下げていたことが2018年に発覚した）。マスコミでは、多くの分析がなされたが、抜け落ちていた視点がある。それは、医家の後継者という問題である。前節で触れたが、わたしは、かつて東京大学理科Ⅱ類、慶応義塾大学医学部の入試に合格したものの、途中からスピンオフして、小説家になってしまった。

医家に生まれるということは、重圧どころか、呪縛《じゅばく》と言えるほどの巨大なプレッシャーになる。このごろ、開業医、いわゆる町医者が減少していると言われる。昔は、開業医は医業に携わるものの最終目標だったが、今は勤務医のほうが気楽だとする風潮すらある。

医師は、6年（医学部）の大学教育ばかりでなく、患者のほうから博士号を要求されることもあり、大学院の教育投資も負担しなければならない上、今ようやく問題になりはじめた無給医局員を経て、新規に開業するとなると膨大な設備投資を必要とする。一般の開業医にとっては、既設の設備投資を無駄にしないためにも、後継者の問題は、きわめて重大なのである。

わたしの親友は、若き日、医家の令嬢と恋に落ちた。彼は、世界で活躍する英才ではあったが、医者ではない。彼女の父親は、医師会、政界の有力者で、彼女に医師の婿《むこ》を取り、後継者としようと考えていた。医師でない彼は、そうなると愛する女を諦めるしかない。この時、彼は、思い切った手段に出た。彼女には弟がいるが、成績はあまり芳しくない。そこで、彼は、彼女の弟の家庭教師を買ってでて、みごと医学部に合格させた。こうして、彼は、めでたく愛する人と、結ばれたのである。ちなみに、彼女の弟も、父親の地盤をついで、医師会、政界の大物として、立派に活躍している。

医師は、患者と接するための人間力を必要とする。したがって、受験秀才だけでは務まらない人間的な要素が、必須なのである。

医家に生まれた宿命のような立場について、多くの人々が語っている。わたしと同じく、前橋市の医家に生まれた詩人・萩原朔太郎《はぎわらさくたろう》も同様である。また、芸能界では、佐野史郎《さのしろう》、舘《たち》ひろしなどが、なにかのインタビューの折、医家に生まれながら、別な進路に進んだ悩みについて語っている。また、筆者の友人では、漫画家のとり・みきも、同じ境遇である。人吉市の鳥越医院の跡継ぎから、漫画家になった経緯は、筆者とも面識のあった父親の理解に支えられたわけだが、それなりの葛藤もあったらしい。

医師の待遇問題は、弥縫策《びほうさく》が講じられただけで、今も解決されていない。かつて、いわゆる慰安婦問題で名を売った某大新聞が、医者の「儲け過ぎ」を追及するキャンペーンを行なったことがある。そのころ、この新聞は、雲助《くもすけ》タクシーの追放キャンペーンも行なっていた。世の中の大半の人は、医師でもなければ、運転手でもないから、読者受けするテーマだろう。こうした職種の人々を、スケープゴートに仕立てあげて、悪者扱いするのは、この大新聞の得意な手法である。あの新聞社の記者たちは、自分たちを凌《しの》ぐエリートの存在を許せないらしい。医師の誤診や脱税があると、この時とばかりに正義の旗印を掲げて糾弾する。医師は神様ではないから、時に過ちも犯す。また、医家の収入は、健保の点数でガラス張りになっているから、自営業者と異なり、脱税でもしようものなら、百パーセント摘発されるのだ。

日本は、エリートの育ちにくい国だという。労働基準法を無視したような環境のもとで、しかも重い責任を負って、人命を救うという崇高《すうこう》な仕事をしている医師たちを、まるで悪であるかのように扱った非情さは、許しがたかった。今日のコロナ禍を、転じて福となすためには、これを機会に医師の待遇改善に、真剣に取り組むべきだろう。

超過勤務を百時間以内に抑えるなど、解決策らしい案が示されたものの、これすら冷酷そのもののような対策で、基本的な問題はなにも改善されていない。百時間といえば、休みなしに毎日働いたとすると一日3・3時間の残業ということになる。ろくろく休みも取れない非人間的な労働環境である。勤務時間の短縮、報酬の正当化など、取り組むべき課題が山積している。コロナ禍を、いわば奇貨として、国民全体が考えるべきだろう。

話が横道にそれたが、東大紛争の原因となった研修医の待遇問題は、今も改善されていない課題となっている。その限りでは、学生の主張も、納得できるものだった。ところが、紛争に他の大学の左翼学生なども、関わってくる。東大全共闘が組織されるとともに、紛争の様相が変化し始める。マルクス主義を標榜する過激派の主張が、表立つようになってくる。大学側も、ガヴァナンスを回復するため、警官隊を導入するなどして、さらに対立が激化する。

　ちなみに、当時、警視庁の機動隊を指揮して、問題の解決に当たった佐々《さっさ》淳行《あつゆき》は、わたしと同じく、大平総理の政策諮問委員会『研牛会』のメンバーで、わたしも個人的にアドバイスを受けたことがある。また、淳行の兄で古代史家の佐々克明《かつあき》とも縁があった。東大名誉教授・江上波夫《えがみなみお》氏を会長に戴《いただ》いて、『東アジアの古代文化を考える会』を立ち上げたときの同志である。兄弟ふたりとも、それぞれ違った意味で、東大出の優秀な人だった。

学生の主張は、官学癒着の象徴である東大の解体という域まで、エスカレートしてしまう。昔から、産、官、学の癒着は、問題視されてきた。天下りなど、多くの不祥事の温床となってきた事実もある。しかし、デメリットばかりでなく、産官学の協同で進められるプロジェクトもあり、それなりに国家の発展に寄与している。

もし、自分の意思で入学したという自覚があれば、東大が産学複合体の牙城であることなど、あらかじめ知っていなければならないはずだ。それが厭《いや》なら、入学しなければいい。東大は強制収用所ではないのだから、入学しない自由もあるはずだ。どうしても共産革命をやりたければ、東大ではなく、北京大学でも、モスクワ大学でも、留学すればよかった。

やがて闘争は過激化してしまい、もともとの医学生の待遇云々という主張は、どこかへ消しとんでしまった。いわゆる安田講堂の攻防戦では、籠城した過激派学生が火炎瓶を投下するなどして、暴動の様相を帯びてきた。佐々淳行は、学生を傷つけないことに配慮したため、手間取ったと語っている。やがて、学生たちがごぼう抜きのように引きずり出されて、ようやく決着した。

しかも、革命ごっこの後遺症は、あとあとまで残った。学生の拠点となった東大地震研は、おおきな影響を受け、我が国の地震学《サイズモロジー》（Seismology）の研究水準が、数年分も後退したと言われる。今、東海地震が発生する蓋然性《がいぜんせい》が議論されているとき、貴重な時間を空費したことになる。

　1969年、東大の入試が中止となった。入学試験すら行なえないガヴァナンスのおかしな大学である。当然、その翌年は、入学志望者が激減するかと眺めていたところ、なんと受験生が殺到した。救い難いとしか形容のしようがない。過激派学生が横行する大学である。下手をすれば、命さえ失いかねない。常識的に考えれば、そういう劣悪な大学に行こうという人間は、一人もいなくなるはずだ。学生運動の域を越えて、火炎瓶すら登場する暴動が発生した大学である。みな、東大の虚名に浮かされていたのだろう。

　ここで、当時の学生運動の用語について、解説しておこう。今や、歴史の片隅に忘れられかけているが、単なるデモどころではなかった。当時、ゲバルト（Gewalt）、略してゲバという流行語があった。力、権力を意味するドイツ語だが、この単語自体が、ことの真相を教えてくれる。

　つまり、共産主義を標榜する武力革命を志向していたのである。角材の長い棒は、ゲバ棒として、過激派学生に愛用されていた。また、内《うち》ゲバという言葉もあった。左翼過激派にも、中核派、革マル派など、いくつかセクトがあり、おたがい対立していた。本気で共産主義を信奉するうちに、対立が激化していった。ソ連の成立の過程で、ボルシェビキとメンシェビキの相克《そうこく》があったが、それが小規模で展開されたと見れば、理解しやすい。しかも、同じセクトの中でも内部対立、つまり内ゲバがあり、やがて総括、粛清と称して、同志を殺害するようにすらなる。必ずしも東大ばかりではないものの、マルクス主義を丸暗記した秀才が、しでかしたことである。

私事ながら、うちの兄の友人で、群馬大医学部の法医学の教授は、やがて斯界《しかい》の権威となった。法医学では、手掛けた司法解剖の数が業績になるという。当時、群馬県では、大《おお》久保清《くぼきよし》という連続殺人鬼が登場したばかりでなく、過激派の内ゲバで殺された死体が、多数掘り出されたためだという。

歴史の風化が話題に上ることが多い昨今、全共闘世代など、体制改革を志したとして、美化される始末だが、これには、わたしは、当時から異論を唱えつづけてきた。丸暗記の受験勉強の延長線上で、マルクス主義を丸暗記して妄信した馬鹿どもが、しでかしたことである。

論理だてて、自分の頭で考えてみれば判る話だろう。当時ですら、やがて来るソ連邦の解体、中国の国家資本主義化など、予感できる人々も、少なくなかったが、学界もマスコミも、耳を貸さなかっただけなのだ。跳ね返りの学生の革命ごっこは、結局なにも生み出さなかった。

みな、東京大学という虚名に踊らされていただけなのだろう。

どうすればいいのか？

日本の大学は、入るのが難しく、出るのが易しいと言われる。東大に合格した時点で、エリートへの特別切符を手に入れたと錯覚して、向上しなくなってしまう学生が多いからだろう。

大学側もＡＯ入試など、あれこれ手段を講じて、通り一片の受験秀才でない学生を募集しようと努力し始めているが、問題は学生の意識が変わらないことにある。

わたしは、高校時代を受験で棒に振ってしまったが、そう感じられたのは、猛勉強の反動のせいばかりでなく、場違いに入学してしまった医学部が、居心地が悪かったせいだろう。受験で取りこぼしたものが、たくさんあることに気付いたものの、どうすればいいか判らない。スポーツなど、まったく縁がなかった。そこで、無謀にも体育会のレスリング部に入った。

医学部の学生は、わたしだけである。しかし、受験で鈍った体では、日吉から多摩川までのマラソンについていけない。半年で辞めたときには、十数キロも体重が減っていたから、期せずしてダイエットにはなった。

部活もしていない。そこで、こどものころ、父親とラジオで聴いてファンになった落語をやろうと思い、落語研究会に入った。林家来須《はやしやらいす》を名乗ったが、わたしが初代で、その後もいわば名跡《みょうせき》になって受け継がれていたという。当時の慶応義塾の落研《おちけん》は、確か杉山さんという三味線の達人がいて、出囃子《でばやし》の外座《げざ》まで自前で賄っている唯一の大学落研だった。

中学生までは巨人ファンだったし、映画も大好きだった。そこで、「ベースボールマガジン」と映画雑誌「スクリーン」を買ってきた。なにをしたかというと、「ベースボールマガジン」を読んで、巨人選手の名前と背番号とポジションを、暗記し始めた。また、「スクリーン」では、有名スターの名前と顔と主演映画を、これまた暗記した。オードリー・ヘップバーンという可愛い女優を発見したので、ＤＶＤなどない時代だから、場末の三流映画館でまだ上映していた『ローマの休日』を観てきた。

今にして思えば馬鹿な話だが、野球にしろ映画にしろ、受験勉強のノウハウでしかアプローチできないほど、毒されていたということだ。その一方、受験の最中は教科書、参考書しか読んでいなかったから、読書への興味もわいてきた。中学時代まで、イタズラではあったが、本の虫のような子供だった。天文学、動物学、地理学、発明発見物語、冒険探検物語など、夢中でよみふけり、いくら呼んでも返事をしないと、母親から叱られたこともある。

当時は、貸本屋という文化があった。今のＤＶＤショップのようなものだろう。しかし、貸本屋には、子供のころ親しんだ天文学の本などない。仕方なく、山手樹一郎《やまてきいちろう》の時代小説など読んだものだが、エンターテイメントのコツのようなものを学んだから、のちのち役にたつことになった。その後は、受験に溺れて破滅したから、二度と勉強はごめんだという気分になり、さしたる読書もしないまま年月が過ぎた。受験でないことをやりたかったので、家のバイクを無断で持ち出して乗ったり、ハワイアンのバンドをやったり、小説を書く真似ごとをはじめたりした。

アニメの仕事だけしていたころは、まったく勉強しないまま過ごしていた。しかし、ＳＦ小説を書くようになると、あれこれ調べなければならなくなる。邪馬台国関連だけでも、二百冊以上も本を読むはめになった。それぞれ見解が異なるから、統一見解しか書いてない受験参考書より、はるかに面白く、知的な好奇心が拡がる。

二度とするまいと思っていた勉強が、面白くなってきた。受験丸暗記の弊害《へいがい》から抜け出すためには、幅広い読書が必須である。あれこれ毀誉褒貶《きよほうへん》を伴うが、ホリエモンこと堀江《ほりえ》貴文《たかふみ》が、コメンテーターとして重宝されるのは、読書家だからだろう。わたしも、商売柄、古生物学、進化論、精神分析、天文学、古代史、東洋史、原子力などの本を、受験で取りこぼした埋め合わせのつもりで、手当たりしだい読みまくった。

作家として、ある程度の知名度ができると、座談会だのシンポジウムに引っ張り出される機会も増える。多くの碩学《せきがく》と知己《ちき》を得て、知的な冒険をする機会を与えられることになった。

私的な弟子のつもりだが、恩師のひとり江上波夫先生からは、ご自宅から研究室、はては伊豆の別荘まで押しかけ、多くの教えを受けた。談論風発《だんろんふうはつ》で、知的な刺激にみちた体験だった。学問とは、面白くなくてはいけないということを悟ったのは、江上先生のおかげである。

アジア史学会の会長の上田正昭《うえだまさあき》先生からも、やはり多くを学んだ。韓国が、日本海を東《トン》海《へ》と呼ぼうとキャンペーンを始めたころ、先生は、固有名詞ではなく、単に方角を指すだけの名称には意味がないと喝破され、それでは、日本も「北つ海」を主張してみたらどうかと、ジョークまじりに仰《おっしゃ》った。『日本書紀』などでは、日本列島の北にあるという意味で、日本海を北つ海と呼んでいるからである。

考古学者の森浩一《もりこういち》先生も、また恩師の一人である。さる雑誌で対談した際、先生は、こう仰って下さった。最近は、いい加減な奴が多いので、そういう対談は、すべて断ることにしている、と。つまり、わたしは、素人なりに、よく学問しているから、いい加減な奴でないと、認めてくださったのだろう。

茅陽一《かやよういち》先生は、原子力工学がどれほど素晴らしい研究か、情熱を込めて教えてくださった。現在、魔女狩りのような方法で、全国の大学から、原子力を冠した学科が、すべて消滅してしまった。仮に原子力を廃絶するとしても、廃炉に当たっては、然るべき人数の研究者、技術者が必要とされる。茅先生は、そのことにも危惧を表明されている。

村上陽一郎《むらかみよういちろう》先生は、科学史が、どれほど面白い学問か、楽しく語ってくださった。わたしも、子供のころから、発明発見物語が大好きで、むさぼるように読んだものだ。村上先生とは、『神の意志の忖度に発す』（朝日出版社）を、共著として上梓《じょうし》させていただいた。忖《そん》度《たく》という言葉が流行する遥か以前である。おそらく、忖度を書名に冠した最初の本だろう。村上先生は、また、幅の広い教養の必要を説いて下さった。ご自身、クラシック音楽のDJを実践されたこともある。

わたしは、その昔、全力を注いでやったことが、真の学問とはほど遠いものだと悟った。あれは、単なる丸暗記だけであって、言ってみればオウムが物真似をするようなものにすぎないと知った。多くの碩学から、ほんとうの学問の面白さを教えられた。コンピュータ全盛の現在、データ、資料をいちいち丸暗記で記憶する必要は薄れ、検索しさえすれば、どんな情報でもダウンロードできる。その情報を、どう読み解くかが鍵なのだろう。本書で扱った東大馬鹿に類する人々は、丸暗記した知識にあぐらをかいて、向上心を失ってしまい、自分でものごとをケースバイケースで考えようとしなくなった結果、イデオロギー的な物差しを当てることしかできなくなっていたのだろう。

わたしは、平成12年（2000年）から、島根県立大学に教授として招かれ、人生で初めて月給というものを貰うことになり、ほぼ10年で退任し、名誉教授という面映《おもは》ゆい肩書を頂戴することになった。

本業の『文章表現論』だけでなく、日韓古代史、東アジア比較文化論のような講座を担当した。もし、医学部へ行かされなければ、シルクロードで発掘などしてみたいと、高校時代おぼろげに考えたことがある。考古学者にはなれなかったが、大学教授ということで、青春の果たせぬ夢の一部を、かなえたことになるだろう。

小説家にしては、よく勉強していると思われたからだろう。座談会、シンポジウム、対談などで、お呼びがかかるようになった。朝日セミナーでは、朝日講堂(有楽町朝日ホール)に千人からの聴衆を集める古代史に関するシンポジウムの司会を、6年にわたって勤めさせてもらった。いくら素人の小説家でも、『古事記』『日本書紀』『風土記』ばかりでなく、『魏志東夷伝』『三国史記《サムグクサキ》』『三国遺事《サムグンニュサ》』くらいは目を通しておかないと、他のパネラーの先生方に失礼になるだろう。

多くの碩学から教えられることが多かったことも、大学教授を引き受けた理由の一つである。大学教授稼業は、物書きしかやったことのない人間には面白い体験だったが、失望したこともある。これまで私が同席したことのある専門研究者は、主催者側が選んだフィルターにかかり、眼鏡にかなった人々だった。こうした斯界《しかい》の権威、あるいは新進の研究者などと比べると、地方大学の教員には、一定レベルの知的水準に達していない人々も、少なくなかった。ろくな研究業績のない教員に限って、妙に権力意識だけが肥大してくる。

こちらは、長年にわたって一匹オオカミで生きてきたから、仮に大学の教員全てを敵にまわしたとしても、痛痒《つうよう》も感じないが、肩書、地位などがものを言うと錯覚している手合《てあい》も少なくなかった。

見えすいたアカハラ（アカデミック・ハラスメント）に出会ったこともある。教授には、同僚の書いた論文の査読《さどく》という仕事がある。わたしのところへ、外国人の教員の書いた英文の論文が、回ってくる。ざっと読んで、感想など書いて戻す。大学というところは、そういうものだと感じただけで、たいして手間がかかるわけでもない。すると、親しくなった教授から、大学の幹部が、妙なことを言っていると聞かされた。

「豊田は小説家だから、英語は判るまい。英文の論文の査読は、全部、豊田に回せ」だそうだ。

まったく馬鹿な話だ。20代の末、わたしは、アニメの仕事から抜けて、ＳＦ小説の仕事が軌道に乗るまで、1年ちょっとばかりだが、アメリカＳＦ小説の翻訳で食べていた時期がある。その程度の英文なら、読むのには困らない。どうやら、アカハラ、イジメのつもりだったらしいが、残念ながら、ご希望には添えなかった。

わたしが、シンポジウムなどの機会にお目にかかった碩学、新進などとは、別な人種に属する教員が存在することを初めて知った。その男、ろくな研究業績もないから、暇だったのだろう。一度は我慢したが、あとで、また嫌がらせに出たので、衆人環視のなかで怒鳴りつけてやったところ、どうやらおとなしくなった。

東大など一流大学に入っただけでは、使い物にならない。受験で失ったものを、取り戻し、矯《た》め直さなければならない。口はばったい言い方になるが、わたしは受験馬鹿から、作家になって、ようやく世間なみの知性を取り戻せた気分でいる。いわゆる受験秀才、あるいは受験馬鹿という境地から、世知《せち》を身につけ、分析力、発想力をみがき、人間力を備えなければ、世間なみの常識すらこと欠くということなのだ。

現在のような丸暗記中心の選抜法に頼る限り、日本の未来は消滅する。分析力を持ち、創造力に秀でた人材を登用する選抜法を、採用しなければならない。異能者を認めるためには、工夫が必要になるが、それが欠けている。あるいは、新しい選考法の芽を摘《つ》んでしまっている。

例えば、反対の多い、大学入試への英検など民間試験の採用である。大都市と地方とで、学ぶ機会に格差が生じ、公平さが損なわれるという反論は、確かに説得力がある。しかし、世の中、完全に公平なことなどない。誰しも、社会に出れば、不公平、不平等が、まかり通っていることに直面する。もし、英検の採用が不可だとするなら、英語圏からの帰国子女など、マイナスのハンディでも与えなければならなくなる。

また、記述式の出題の評価を、民間に委託するという提案も、政争の具とされている。これまた公平性が損なわれるという。確かにマークシート方式に比べて、採点に手間がかかるから、大学だけでは人手が足りなくなる。民間に委託する場合でも、公平性を担保する必要がある。完全に公平ということはありえないが、複数の目を通すことによって、ある程度まで公平性を保つことは可能である。

わたしの体験でも判ることがある。島根県立大での経験だが、三月の最後期の試験では、僅か30人の募集に対して、千人以上の受験生が殺到してしまった。浪人するよりましという理由もあったのだろうが、産業界から来た熱心な教授が、自分が採用する側だった経験を生かして、キャリア教育に力を注いだ結果、県立大が国公立大学の中で、就職率トップになったことが人気の原因だったようだ。就職氷河期の真っただ中のことである。

面接に力を入れるという教授会の申し合わせになっていたものの、教員だけでは、とても手が足りない。そこで、教員二人のほか、事務職員一人を加えて面接することになった。必ずしなければならない質問を決めたうえで、臨機応変な質問を加えれば、各グループごとの公平性は、ある程度までは保たれる。記述式問題にしても、民間委託する場合は、採点の基準を定めておいて、複数の評価を総括すれば、それほど不公平がでるわけではない。教育を政争の具とする前に、なすべきことがある。

日本の大学は、虚名だけが先行して、グローバルスタンダードから大きく立ち遅れている。東大が、曲学阿世《きょくがくあせい》の伝統（?）からか、マルクス主義の温床だった点については、これまで語ってきた。だが、マルクス主義の亡霊が消えかけた今も、アカデミズムの世界は、ぬるま湯のような状態のままなのだろう。今や国際競争力を失っている。

ノーベル賞の受賞者を輩出した日本だが、これからも安泰だという保証は、まったくない。かつて東大全盛のころですら、一方では丸暗記だけの秀才がもてはやされる半面、異能者を許容する社会の寛容性が、ある意味で機能していたから、救いがないでもなかった。たとえば、iPS細胞でノーベル生理学・医学賞に輝いた山中伸弥《やまなかしんや》京都大学教授など、かならずしも秀才とは目されない経歴だったが、その創造性への努力が栄誉につながったのだろう。このような真の天才、秀才を、現在の教育システムでは取りこぼしかねない。

イギリスの高等教育専門機関が選出している世界の大学ランキングがある。それによれば、百位以内では東大の36位、京大の65位が最高である。日本ほどの大国にしては、異常なくらい低い水準である。しかも、二百位までとしても、東大、京大の2校しか入っていない。トップ200で考えると、中国7校、韓国6校、香港5校にも、遥かに及ばない。淡路島くらいの面積しかないシンガポールに至っては、50校以内に2校がランクされている。日本の教育水準が、大きく立ち遅れていることが、はっきりする。

評価は、教育内容、研究成果、学生あたりの教員数、など多岐にわたって採点されているが、日本が最も遅れているのが、国際関係の成果である。外国人教員数、留学生数、国際協同研究など、いずれも劣っている。また、論文の被引用度(quotability《クォタビリティ》)も、日本語という言語の壁からか、国内はともかく、外国には及んでいない。

わたしは島根県立大の教授会で、「クォタビリティ」を高めなければならないと、一席ぶったことがあるが、多くの教員が無関心だった。大学の紀要に論文が集まらないことすらあった。自説を公表するチャンスのはずだが、若い教員ほど寄稿してくれない。語るべきものを、持っていないからだろう。

わたしは、しがない物書きにすぎないが、自分が書いたものが、何度も他人に引用されている。わたしの古代史の解釈が、NHKの『歴史発見』で取り上げられ、本人みずから出演して解説したこともある。「クォタビリティ」とは、べつだん支持されなくてもよい。

反論が出ても勘定に入れる。つまり反論に値するという事実が重要なのである。世に問うに値するユニークな研究をしている教員が、日本ではいかに乏しいかという証左である。

なぜ、そうなるのか？　丸暗記に頼る現在の教育の弊害であることは、誰の目にも明らかだろう。暗記したことに煩《わずら》わされ、新しいものが、出てきにくいのである。

東大を出た上での自己研鑽《けんさん》に励んだ人材と、学歴に胡坐《あぐら》を掻《か》いたまま向上心を失った人間とを、世間の人々も見分ける努力をすべきだろう。また、受験生も、自分で選んだ大学に入学するという気概《きがい》を持つべきである。

わたしは、80年を越える人生で、あのとき、エリートもどきの道を踏み外したと思われたが、なんの後悔もしていない。慶応義塾の3年間は、受験サイボーグから人間に戻る、貴重なモラトリアム（moratorium）だったことになる。

もし、わたしが医者になっていたとしたら、生来の粗忽《そこつ》で頭法螺《ずぼら》な性格から、手術に失敗したりして、数百人は殺していたかもしれない。その点、わたしのSF小説を読んで、多少は頭がおかしくなった読者もいるかもしれないが、まず死んだという人はあるまい。

80歳を過ぎて振り返ってみると、いささかながら、人助けにはなったつもりである。

最後に、わたしの遺言として、繰り返しになるが訴えたい。それは、医師、医療関係者の待遇改善の問題である。コロナ禍によって、多くの人々が注意を喚起されたはずである。日本国の将来がかかった喫緊《きっきん》の課題であることを、多くの国民が、自分の問題として考えてほしい。

あとがき

　わたしは、大学受験で失敗して、人生を誤った。これまで書いてきたように、大学受験で失敗したのであって、大学受験に失敗したわけではない。以後、自分でも妙な一生だとも思うのだが、ずっと一匹オオカミで通してきた。60歳の年に、島根県立大学に招かれるまで、月給というものを貰ったことがない。期せずして、こうした人生になってしまったわけだが、いわゆる自由業というものについて、どうやら悟りのような境地に至った。

　要は、趣味が昂《こう》じるかどうかが、分かれ目になるようだ。しばしば才能を生かして、などと気楽に評されることがあるが、そうではない。なにか一つことに関して、素人ばなれした能力を示す人は少なくない。しかし、たいていは、いわゆる旦那芸《だんなげい》で終わってしまう。そのことに、人生を賭けようとする人は、多くはない。

　わたしの体験だが、SF小説を書きはじめたころ、同郷のTさんという人と、SF同人誌『宇宙塵《うちゅうじん》』で知りあった。大変才能のある人で、多くのアドバイスを頂いたし、作品の評判も高かった。あの星新一さんが、文句なしに、べた褒めしたほどである。Tさんの父親は、この県のオート三輪屋だった。折からのモータリゼーションで、この会社が四輪車も手掛けるようになって、急速に拡大したため県の総ディーラーとなった。Tさんは、家業を継いだので社長ということになり、SF小説を書くどころではなくなってしまったのである。揺籃《ようらん》期の日本SF界にとっては損失だったが、自動車業界のためにはなったのだろう。この例でも判るように、なにか他に生きる道がある人は、趣味が昂じないものなのである。

医学部を追い出されたとき、こう感じた。まず半分は、これからの人生を、どう生きたらいいかという不安だったが、もう半分は、これで無理して医者にならなくて済むという安堵《あんど》感だった。

人生の進路は、ひとつではない。最近のイジメ、自殺などのニュースに接するたびに考える。今の若い人は、打たれ弱いのかもしれないが、そこにいなければいいのである。他の世界を求めれば解決する。世の中は、広い。生きていく場所は、たくさんある。環境を変えれば、違うことができる。

大学教授をやってみて、多くの学生に接した。かれらの多くが、突き詰めて人生を考えていない。どこか流されて生きているような感じで、毎日を送っている。もっと、あれこれ探しながら生きる道を求めるべきだろう。なかには、わたしが、もともとは小説家だから、原稿を持ちこんでくる学生も少なくなかった。たいてい数枚、多くて十数枚の未熟な創作である。完結していないものばかりである。はたして、ものになるかどうか尋ねてくる。なかには、作家になりたいという学生もいる。それだけ読んでも、才能など判るわけがない。一応は講評するものの、たいてい酷評《こくひょう》に終る。ほんとうに好きなら、完結した原稿を持参するだろう。

一度しかない人生だから、好きなことやれ、などと無責任に煽ることは言わない。自由業を選ぶということは、人の何倍もの努力を必要とする。わたしの場合、他に道がなかったのである。やはり若かったから、できたのだろう。また、多くの友人、理解者に支えられたから、運も良かったのだろう。

また、時代が良かったのだろう。現代の日本は、管理社会である。許認可権が、官僚の世界ばかりでなく、民間にも拡がっている。多くの出版社の編集部が、編集をしなくなった。多くのテレビ局の制作部が、番組の制作をしなくなった。どの下請けプロダクションに丸投げしようかという許認可の窓口になってしまっている。わたしが生きてきたマスコミ界ばかりでなく、一般企業でも同様らしい。どの下請けに仕事を回すか、許認可権がまかり通っているという。

これも丸暗記受験の後遺症なのだろう。これでは、優秀な人材、特徴ある企業を、取りこぼしてしまう。諸悪の根源は、現行の受験制度にあると言っても、過言ではない。この本を世に問う動機となった。

豊田有恒

令和2年8月

【著者略歴】
豊田有恒（とよた ありつね）
1938年、群馬県生まれ。島根県立大学名誉教授。若くしてSF小説界にデビュー。歴史小説や社会評論など幅広い分野で執筆活動を続ける一方、古代日本史を東アジアの流れのなかに位置づける言説を展開して活躍。本書は東大理Ⅱ・慶大医学部に現役合格しながら、その後、進路変更せざるを得なくなった自らの体験を基に、いまだに改善されない、わが国受験制度の根本的な問題に取り組むものである。これまでの著作として数多くの小説作品の他、ノンフィクション作品に『日本アニメ誕生』『日本SF誕生　空想と科学の作家たち』（いずれも勉誠出版）、『「宇宙戦艦ヤマト」の真実　いかに誕生し、進化したか』『統一朝鮮が日本に襲いかかる』（いずれも祥伝社新書）ほか多数。

東大出てもバカはバカ　勘違いを止められない人々

2020年9月26日　第1刷発行

著者　豊田有恒

発行者　大山邦興
発行所　株式会社　飛鳥新社
〒101-0003
東京都千代田区一ツ橋2-4-3　光文恒産ビル
電話　03-3263-7770（営業）
　　　03-3263-7773（編集）
http://www.asukashinsha.co.jp

装幀　神長文夫＋松岡昌代
印刷・製本　中央精版印刷株式会社

ISBN 978-4-86410-778-5

編集担当　工藤博海